泰雅族的和夫（1938~）與來自日本岡山縣的綠（1943~）

1234

1　和夫與綠因為書信往來而結為良緣。
2　綠與兩個女兒。
3　和夫與綠全家福。
4　和夫與綠於1969年在角板山舉行婚禮。

上｜《角板山全景》（角板山舊照）

臺灣值得一見的角板山位於大溪南方約36公里的蕃界內，為泰雅族的部落，海拔約636公尺。

[日文圖說] 編輯部、勝山吉作、吉田恒男、並河良孝、江島勝一、宮崎繁一。

出處：山本三生等編《日本地理大系．第十一卷．臺灣篇》（東京：山本三生發行、凸版印刷株式會社本所分工場印刷，昭和五（1930）年。原件分類：新竹州。

典藏者：中央研究院。數位典藏者：中央研究院數位文化中心。

來源：《開放博物館》https://openmuseum.tw/muse/digi_object/150fcaeff2ff14f028e4c68afda9d6dd#8115

下｜桃園復興鄉角板山（角板山近照）

作者：P1340　時間：2010.12

來源：wikimedia commons ⓒ https://commons.wikimedia.org/wiki/File:%E8%A7%92%E6%9D%BF%E5%B1%B1.jpg

北部タイヤル族和夫さん

泰雅族和夫與日本妻子緑

日本人妻緑さん

臺灣原住民口述史

目次

緒論

本書為《由臺灣北部泰雅族看近現代史——日本殖民時代至國民黨政權時代的「白色恐怖」》的姊妹篇，也是該書的基礎。是一部由訪談所獲得的，在史料中未曾出現但富有啟發性，以角板山為中心的臺灣北部泰雅族的口述歷史。若將兩本書一起來讀，可以進一步加深對內容的理解。為便於僅限於本書的讀者理解，部分說明與注釋等與《由臺灣北部泰雅族看近現代史——日本殖民時代至國民黨政權時代的「白色恐怖」》有重複之處。另外，本書還刊載了大量與內容相關的照片。其中部分照片是由受訪者「和夫」（原住民名嘎佑・烏布納〔ガヨ・ウープナ〕，漢語名為陳振和。本書原則上稱之為和夫）與緣夫婦、林昭光、林昭明、林茂成提供的。

一

角板山位於青山環抱之中，水庫、吊橋交相輝映，風光明媚。此處還有蔣介石的行館遺址（該館因火災燒毀，現為公園）、舊要塞等。角板山距離臺北不遠，因沒有溫泉，現在的名氣要比烏來小一些。角板山與烏來之間現已修築公路，由於道路迂迴環繞，使人感覺兩地距離較遠，但若走山道，其實不過是三十公里的路程，過去兩地的居民都是步行來往的。角板山與烏來關係密切，兩地居民具有血親關係，屬於同族。最近因秘境探訪熱潮，角板山作為觀光景點，人氣開始不斷上升。就其背景而言，這與國民黨長期以「防衛」、「未開放地區」、「特區」等理由禁止一般人進山有一定的關係。與烏來相比，日本人對角板山了解甚少，在此先介紹一下角板山，以及泰雅族人和夫與日本妻子綠結婚後與之共同生活的角板山泰雅族。

我最初的計劃是想採訪和夫與日本妻子綠的結婚以及婚後生活，寫一部隨筆風格的著述。因此對二人進行了大量訪談。綠第一次到臺灣旅行是一九六八年。是年與和夫辦理法律上的結婚登記手續，並於翌年舉行結婚典禮。此前兩人是以跨國信件往來互表心跡確立愛情的。當時臺灣正處於戒嚴時期，「白色恐怖」的陰影未消，政治局勢嚴峻。綠就是在這樣的社會環境中來到臺灣。

從國際局勢來看，當時正處於美蘇冷戰，日本、韓國、臺灣以及東南亞各國建立了以美國為首的封鎖「共產中國」的包圍圈。臺灣成為美軍進行越戰的寄泊港。我的初次訪談中涉及一些有關泰雅族傳統生活及其在清朝時期、日本殖民地時期、日本戰敗後國民黨政權時期發生的二二八事件與「白色恐怖」等情況，因而開始意識到，從歷史的觀點來看也十分重要，實有將其歷史事實記載下來的必要。於是此後我每年都利用春假到角板山進行訪談。

我初次到臺灣是一九七六年的夏天，大約逗留了三週，之後便經常到訪臺灣，至今已有四十年之久。首次到臺灣時，對於和夫與綠夫婦之間的事情當然是一無所知。當時，我還是一名東京教育大學的大學院生，到臺灣的主要目的是應邀參加同窗好友——臺灣留學生與學妹（日本大學院生）的結婚典禮，並順便到政治大學、法務部調查局等處查閱、收集有關中國共產黨史的史料。當時，海峽兩岸的政治對立十分激烈，若到臺灣，很可能之後就難以去中國了。由於我所從事的是中國近代史研究，所以身邊很多人以「將會對研究產生負面影響」為由加以勸阻。儘管存在著一定風險，但友情高於政治，最後我還是毅然決定前往臺灣。

我從大阪南港搭貨輪出發，途經沖繩，經過三天兩夜的顛簸抵達基隆港。基隆港停靠著很多軍艦，令我很是震驚。從基隆乘火車到臺北，臺北站前的飲食街巷十分熱鬧擁擠，充滿生氣，不過軍人身影之多也頗為扎眼。橋和建築物上懸掛著「光復大陸」、「反攻大陸」的巨幅標語，車票、信封等也印有同樣的口號。入住酒店的服務人員叮囑客人晚上盡量不要外出遊逛。當時臺灣的交通還不發達，我花了近十天的時間搭乘公車和火車，才完成由北向南的全島穿行。越往南行，會日語的人越多，態度也越加友好，但所到之處都有很多軍人，籠罩著一種緊張的氣氛。緣初次到臺灣比我早八年，想必當時的狀況更加嚴峻吧。

現在的臺灣自由、開放，治安良好、美食眾多，無論男女老少對日本人都十分友善。與當時相比，讓人恍如隔世。但是，當時去臺灣的日本人還很少，而且多為男性，諸如中小企業的經理、公司職員、觀光遊客等。當時還有遭人詬病的以買春嫖娼為目的的觀光旅遊。因此，當得知我是一名學歷史的大學院生時，很多人倍感新奇。立法委員同時也是歷史學者的李天民等人還專門宴請我，並允許我查閱法務部調查局的史料。在調查局我結識了以著述《中國無政府主義運動》（《中国のアナキズム運動》，丸山松幸譯，紀伊國屋書店，一九七〇年）而聞名的施樂伯（羅伯特・斯卡拉皮諾，Robert A. Scalapino，柏克萊加州大學，二戰期間曾從事在華對日情報活動）。他向我極力主張在中共黨史研究上，調查局所藏史料是極為重要的。

泰雅族居住於早期的臺中州埔里以北，中央山脈山巒之間（**圖一**）。臺北州有發源於南湖大山及其附近山脈的大濁水溪流域的南澳蕃、濁水溪域的溪頭蕃及棲蘭山至新店溪上流的屈尺蕃。新竹州有大霸尖山淡水溪上游的金那基蕃、馬里闊丸蕃、大嵙崁前山蕃、卡奧灣蕃、內灣溪上游的枚卡拉希蕃、上坪溪上游的霞喀羅蕃等。日本殖民地時期臺灣原住民有七個部族（**表一**）。就人口而言，泰雅族僅次於排灣族、阿美族位居第三，約有三萬一千至三萬兩千人，占原住民總人口的百分之二十三至二十五。[1]

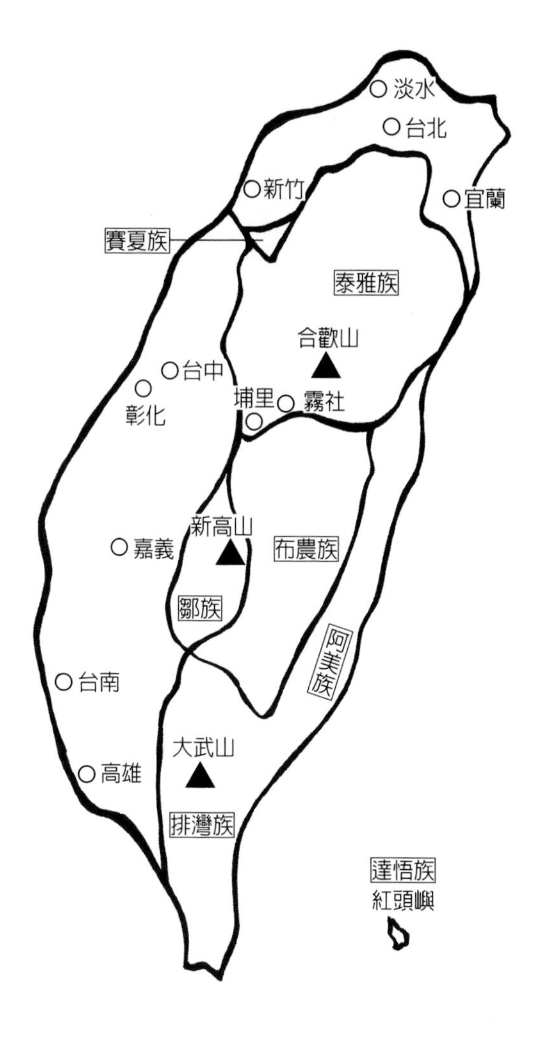

圖一　臺灣原住民分布圖（1937年）

此據盧北麟主編《臺灣回想》（創意力文化事業有限公司，1993年，第370頁）之圖片轉製。

表一　臺灣原住民各部族的分離變遷

時期	日本殖民地時期	中華民國政府來臺後	2015年
北蕃	タイヤル族	泰雅族	泰雅族 太魯閣族　2004年獨立 賽德克族　2008年獨立
	サイセット族	賽夏族	賽夏族
南蕃	ブヌン族	布農族	布農族
	ツオウ族	曹族	鄒族 卡那卡那富族　2014年獨立 拉阿魯哇族　2014年獨立
	パイワン族	卑南族	卑南族
		魯凱族	魯凱族
		排灣族	排灣族
	ヤミ族	雅美族	雅美族 現在的正式名稱為「達悟族」
	アミ族	阿美族	阿美族 撒奇萊雅族　2007年獨立
平埔族			平埔族的一部分作為原住民得到認定 邵族　2001年認定 噶瑪蘭族　2001年認定
計	7部族	9部族	16部族

出處：根據①門脇朝秀《臺湾　高砂義勇隊》（あけぼの会，1994年，第53、55頁）②蘭嶼鄉公所《蘭嶼鄉一導覽手冊》（2009年，第1頁）等編製。另外，「平埔族」已被漢化，原來未列入原住民數中，但其中一部分邵族、噶瑪蘭族後來被認定為原住民。雅美族現在的正式名稱為「達悟族」。2016年筆者在蘭嶼島進行實地考察時確認，蘭嶼島以前原住民稱之為「Ponso No Tao」（人之島），島民自稱為「Tao」人。後來用漢語標寫為「雅美族」。因漢字的「達悟」接近於「Tao」的發音，現在改稱為「達悟族」。

我所採訪的是在泰雅族中居於領導地位，居住在臺灣北部桃園縣角板山的泰雅族。（編案：桃園縣已於二〇一四年升格為直轄市「桃園市」，復興鄉亦於同時升格為「復興區」；唯為與訪談口述之語境一致，本書皆以當時的行政區劃舊名稱之。）在臺灣原住民中，泰雅族被稱之為「生蕃」，拒絕「近代化」，先是抗清，後來抗日，出草馘首，一直被稱之為最為「野蠻」或「勇猛果敢」的部族。泰雅族這一特徵無疑來自其傳統生活，出於這一考慮，我對泰雅族的傳統組織機構、社會經濟制度、家族制度以及祭祀、戰鬥、出草等進行了多角度不同視點的訪談，分別就：一，傳統生活中的戰鬥組織；二，日本殖民地時期的對日抵抗；三，日本的理蕃政策；四，高砂義勇隊；五，日本殖民統治崩潰後，轉向國民黨政權統治，在此一大轉變中發生的衝擊角板山泰雅族的「白色恐怖」事件等，一一詢問。

在此應該明確一個事實：泰雅族是沒有自己文字的民族。對於泰雅族來說，口頭傳承具有十分重要的意義，他們藉此傳承各種規範、傳統與部族歷史。因此，泰雅族自身幾乎沒有什麼歷史記載或史料。為了打開這一局面，個人訪談或當地民間調查等口述歷史是極為重要的。換言之，個人訪談無論是就澄清歷史、獲得研究啟發，還是建立研究基礎而言，都十分重要。以此為楔子，進行結構性推敲，與文獻史料相對照，使研究內容更為充實，這也是極為必要的。但是，在以往重視文獻學實證性的歷史學中，採用這種聽取調查方式的研究並不多見。儘管如此，在歷史學臺灣原住民史研究等史料和研究較少的領域，利用訪談等方法予以加強也是不可或缺的。因為保存下來的史料大多出自於清朝、日本、國民黨政權等為政者之手，聽不到原住民的聲音，也看不到原住民自身的活動，他們的歷史有被埋沒的危險。因此，我決定在重視為數不多的史料的同時，結合訪談，對可能之處進行踏實的史料性考證，來闡明臺灣北部泰雅族歷史的實際狀態和本質。

本書所聚焦的不是歷史學中因霧社事件[2]等而受到注目的臺灣中部泰雅族（現在的賽德克族），而是可以說是研究空白的北部泰雅族。我在訪談中對其傳統生活進行了反覆詢問。但關於傳統生活並非是所有方面，而是著重於對清抵抗、對日抵抗，以及日本殖民統治時期的高砂義勇隊，其中尤為側重於武力方面，以此來考察他們具有強韌戰鬥力的主要原因。

二

本書分為兩大部分。為便於讀者理解，在對「第一部」、「第二部」內容進行要點介紹之前，先附上受訪者及其角板山泰雅族親屬關係的家系圖（**圖二**）。

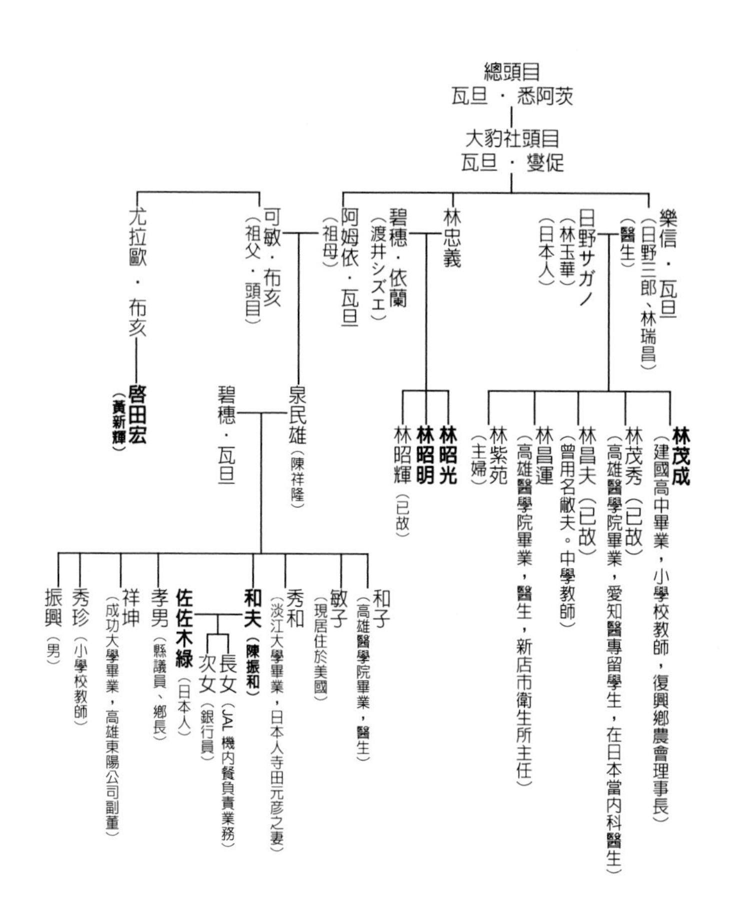

圖二　角板山泰雅族家系圖

出處：此家系圖由筆者根據訪談內容編輯而成，各家庭成員並非完整。圖中黑體字標識的人員為本書的受訪者。林昭光、林昭明的曾祖父瓦旦・悉阿茨（ワタン・シアツ）在與「外族」平地人的「部族戰爭」中坐牢十年。瓦旦・悉阿茨還參加了與「外族」日本軍的戰鬥。和夫的祖母阿姆依・瓦旦（アムイ・ワタン）與長兄日野三郎年齡相差十歲。日野三郎的兒子昌運後來在烏來的一家診所當醫生，退休後在當地務農，安度晚年。黃新輝的父親尤拉歐・布亥（ユーラオ・ブーハイ）是和夫的祖父可敏・布亥（コーミン・ブーハイ）的弟弟。和夫的弟弟祥坤所工作的東陽公司是一家製造汽車零部件的企業。

本書「第一部」是針對和夫與綠夫婦的訪談。夫妻倆率直的講述，將當時他們無法迴避的臺灣狀況、日本狀況及日臺關係等生動地呈現出來，使我從中了解到許多事情，獲得很大的啟發。

出生於日本岡山縣的綠，嫁給泰雅族的和夫。當時國際婚姻還不多見，綠是在何種情形下勇敢地來到臺灣——而且是角板山地區——呢？為此我首先向兩人詢問了當時的情況。

在一九六〇年代爆發的越戰中，臺灣與日本、韓國等一起加入包圍「共產中國」的行列，當時中國大陸正處於文化大革命的高潮中，而日本則是成功地舉辦了東京奧運，在經濟獲得高速發展下，謳歌經濟生活。但是，當時一美金兌換三百六十日圓，日圓的匯率極低，國際婚姻姑且不論，甚至連海外出差、海外旅行都不是容易的事；日本儘管有了新幹線，但從北海道到九州還需要很長時間。沖繩尚未歸還日本；中學畢業生從地方到東京集體就職的還很多。當時的日本中學畢業生不僅工資低，而且很能幹，被譽為「金蛋」。在如此情形下，日本青年對整個世界，尤其是歐美，充滿憧憬，不僅報刊雜誌中設有通信專欄，還有「筆友俱樂部」等經營海外通信的公司。

在這種狀況下，當然也不乏關心亞洲遠甚於歐洲的青年。不提歐洲，連亞洲也不了解的這種好奇心被激發出來。綠也是這些青年的一份子。此時的臺灣則有日本人買春的觀光旅遊團，成為社會問題，同時臺灣正處在戒嚴時期，社會閉塞，和夫遂對海外充滿憧憬，尤其希望能與日本人建立通信往來。總之，綠與和夫他們這代人都將視線投向海外，擁有青年旺盛的好奇心，從某種意義上說，他們都洋溢著青春的光輝。

但是另一方面，我在訪談中也深深感受到當時日本和臺灣嚴峻的政治狀況。這是一個現在的臺灣人難以想像的黑暗時代。和夫與綠夫妻倆都坦率地回憶到，當時在臺灣，信件是要開封檢查的。綠初到臺灣時，與和夫及其母親三人一起生活，日常生活會話主要靠日語。日本五十年的殖民統治，使和夫的母親能夠講一口流利的「母語」——日語。

本書「第二部」的訪談內容雖也涉及臺灣原住民族的傳統生活、狩獵、習俗、部族等，但重點為太平洋戰爭時期的高砂義勇隊，尤其是二戰後的「白色恐怖」，而非二二八事件。原住民族雖然對於國民黨政權也感到不滿，但基本上沒有參與二二八事件，因為該事件是外省人與本省人之間的問題。

林茂成、林昭光、林昭明三人是「白色恐怖」的經歷者，也是遭到打壓的受害者。例如，林茂成是以政治犯的罪名被處決的樂信・瓦旦（ロシン・ワタン，Losin Watan，日本名初為「渡井三郎」，後改為「日野三郎」。中國名「林瑞昌」）的長子。他在遭人白眼、受人刁難中，拚命養活兄弟姊妹和孩子。林昭光、林昭明二人則在「白色恐怖」中遭到逮捕入獄。關於「白色恐怖」，目前還處於資料調查收集階段，儘管有一些資料集等問世，但全面性的研究還未真正展開。因此，這些親身經歷講述極為重要，他們的言說對於何為「白色恐怖」、其實際狀況如何、本質又是什麼的考察而言，是十分珍貴的資料。

黃新輝的訪談生動反映出高砂義勇隊在南洋戰線的戰鬥實況和日本戰敗時的狀況。親身參加高砂義勇隊的人大多都已過世了。書中最後一位受訪者黃榮泉不在前述的家系圖中，他講述的是原住民與基督教的關係。他談到自己當傳教士前的生活簡歷以及當傳教士的起因。二戰後，許多原住民信仰基督教，這是一個不容忽視的問題。

本書所訪談的人數或許說不上多，但他們都是臺灣北部泰雅族的核心人物，也是能夠以自身經歷講述角板山泰雅族歷史的重要人物。為了避免偏誤以求慎重，筆者進行了反覆多次的訪談。每次訪談都是先讓他們按線索回憶，然後在適當的時候引入新的話題，對不充分之處加以補充。

三

本書訪談的目的包括以下幾個方面：

第一，了解和夫與緣的婚前狀況、結婚典禮及其婚後生活。這不僅可以讓我們進一步認識臺灣，也可藉此得知當時日本的狀況，透過他們的人生從而引發對其生活的思考。綠來到角板山泰雅族和夫的身邊，從一般情況來說是需要很大的魄力的，應該會受到相當大的文化衝擊，但她似乎對此並沒有太多感受。這大概是由於和夫的家庭生活以日語為主，受日本殖民時期的影響，已習慣於味噌湯等日本飲食文化等原因吧。當時，日本經濟雖領先臺灣，但發展還不是很大，兩者生活水準的差距並不十分懸殊。詳細情況，請閱讀本書的訪談內容。

第二，在臺灣原住民中，泰雅族被視為「生蕃」，先是抗清，後來抗日，抵抗活動不斷，被視為最「野蠻」的部族。不用說清朝，日本討伐隊也遭到其游擊戰抵抗，付出了慘重代價。為何他們在與「外敵」戰鬥之際，能夠從宗教精神和組織機構兩個方面加強團結，進行聯合，全體部落可以一舉採取軍事行動呢？為此，本書從「gaga」的社會機構、社會經濟制度、家族制度到出草、祭祀等方面切入，聚焦於軍事層面，對其傳統生活進行訪談。

第三，了解北部泰雅族的對日抵抗及其「歸順」。有關當時原住民抵抗的史料不是很多，而且也不充分。為此，在總督府相關史料、臺灣發行的《臺灣日日新報》等基礎上，再加上我的訪談內容，本書以角板山為中心，針對北部泰雅族抗日的實際狀況和特質加以分析。

第四，日本殖民時期臺灣總督府的理蕃政策，除了為政者的上層視點，還包含了原住民對此如何反映的問題，換言之，即原住民所認識的理蕃政策。本書從上述兩個切入點進行立體深入的考察。以戰爭期間（一九三七年至一九四五年）為中心，所重視的不是一九三〇年發生霧社事件的臺灣中部，而是北部泰雅族。

第五，關於高砂義勇隊，太平洋戰爭期間臺灣原住民的動態與結構、原住民在臺灣的地位、歧視問題及日本戰敗後戰爭責任問題等自不待言，為了從多元的視角考察戰爭自身的線索，本書針對下列三項進行訪談：一，高砂義勇隊成立時期的狀況、「日本國民意識的確立」、打破歧視構造；二，在南洋的糧食保障、飢餓與游擊戰的實際狀態；三，日本戰敗時，義勇隊員的處境。

第六，日本戰敗後，蔣介石的國民黨政權光復臺灣，臺灣原住民的政治情勢發生了一百八十度大轉變。透過樂信・瓦旦的長子林茂成的生活，本書試圖剖析當時臺灣的實際狀況與原住民的地位。與此攸關而我們不能忽視的是其侄子林昭明的事件。它是怎麼一回事？又意味著什麼？在日本，二二八事件廣為人知，但其後的重要問題，一九五〇年代的「白色恐怖」卻鮮為人知。然而捨去「白色恐怖」，則不可能對日本戰敗後的臺灣史進行公允論述。在此，本書並非以本省人、外省人的立場，而是以原住民——尤其是角板山泰雅族以及阿里山鄒族——的視角所看到的一九四七年的二二八事件，以及更特別的是五〇年代的「白色恐怖」為焦點，進行訪談。其中，對於被處死刑的樂信・瓦旦之周邊相關人物，特別就其與角板山的樂信・瓦旦和阿里山的高一生之間的關係，進行了重點詢問。

照片1　霧社事件原住民抗日運動紀念銅像（筆者拍攝）

照片2　霧社蔣介石銅像　不知為何蔣介石半身銅像面有刺青，身著原住民服裝（筆者拍攝）

照片3　莫那・魯道〔モーナ・ルーダオ〕之墓　墓碑上刻有「在民國十九年霧社抗日事件中，領導抗暴壯烈成仁。其堅貞不屈之志節，足為青年楷模。謹誌墓前，以昭忠魂，以勵來茲。」（筆者拍攝）

4
5

照片4　2013年的清流（川中島）沿山處有河流（筆者拍攝）

照片5　川中島當時的風景　清流博物館所存照片

本章註

1 拙著《臺湾北部タイヤル族から見た近現代史》，集広社，二〇一七年，第二十四頁。另外，現在臺灣原住民有五十五萬八千人，其中泰雅族為八萬八千人。

2 霧社事件，在《臺湾北部タイヤル族から見た近現代史》中有所記述，為便於本書讀者理解，而且該事件是一個十分重要的事件，在此再度進行注釋說明。

霧社地區的原住民因長期不滿日本警察的傲慢態度、強制從事修築公路和房屋建設等勞動以及欺騙原住民婦女的行為，泰雅族的「蜂起蕃」於一九三〇年十月二十七日襲擊了參加公學校運動會的日本官民和男女老幼，殺害一百三十四人。之後又襲擊了警察局、公共機關和機關宿舍等，搶奪武器彈藥後，躲進附近的深山叢林中。對此總督府出動軍隊、武裝警察隊、泰雅族的「味方蕃」（支援日本討伐隊的原住民。現在作為賽德克族從泰雅族中分離出來）以及以本島人（漢族）為核心的「壯丁團」等，共計兩千七百人。太魯閣泰雅族協助軍隊、警察，為討伐隊當嚮導，參加了鎮壓行動。獵首級行為開禁，並規定一個人頭賞金一百日圓。這對於幾乎沒有現金收入的「味方蕃」產生了誘惑力。也就是說，日本採取了「以夷制夷」，以泰雅族（賽德克族）討伐泰雅族（賽德克族）的策略。當時，總督府甚至出動飛機，投擲為國際法所禁止的毒氣瓦斯。經過五十餘日的討伐，事件才被平息。事件的首領莫那・魯道（モーナ・ルーダオ）等多人在討伐中死亡。有十餘人作為事件主謀被處刑殺害，不願投降的兩百人集體自殺。日本方面共計有四十九人死亡，其中軍人死亡二十二人，警察死亡六人。另外，乙種巡警達奇斯・諾賓（ダッキース・ヌービン，日本名「花岡一郎」。當時有甲級巡警只任用日本人等歧視規定）是師範學校畢業生，警員達奇斯・那威（ダッキース・ナウィ，日本名「花岡次郎」）則是高小畢業，兩人是成為警察的族群精英，也是把兄弟。兩人也參與事件之中（另有他們試圖阻止蜂起等說法）給日本當局很大打擊。之後，一九三一年四月二十四日，又發生了第二次霧社事件。「味方蕃」攻擊「蜂起蕃」的倖存者，有兩百一十六人遇害。從當時的情況來看，這一事件很有可能是警察當局為進行報復所謀劃的。

霧社事件的倖存者兩百八十九人從埔里被強制遷移到二十餘公里外的川中島（現在的清流），並在三十位駐守警察的嚴密警戒之下施行隔離。之後，為了搜捕霧社事件「蜂起蕃」的倖存者，日方以舉行「歸順典禮」為幌子叫出全體人員，將十六歲以上的男丁全部殺害。失去十六歲以上的男丁，家庭中只剩下老人和婦女兒童，缺少勞力，農忙時束手無策，營養失調，加之川中島又是有名的瘧疾高發區，兒童染疾高燒死去，母親絕望自殺的連鎖反應不斷發生。最終，霧社事件成為家庭禁忌，絕口不談。自殺身亡的霧社事件首領莫那・魯道的遺體在臺灣大學醫學部標本室被發現，一九五一年，於霧社下葬並建立紀念碑，第二次霧社事件被慘殺的「蜂起蕃」的泰雅族遺骨埋葬於「無名戰士之墓」（參照：①拙著《東アジア歴史教科書問題の構図——日本・中国・臺湾・韓国及び在日朝鮮人学校》，法律文化社，二〇一三年。②春山明哲，《近代日本と臺湾——霧社事件・植民地統治政策研究》，藤原書店，二〇〇八年。③鄧相揚著，下村次郎等譯，《抗日霧社事件の歴史——日本人の大量殺害はなぜ、おこったか》，日本機關紙出版センター，二〇〇〇年。④戴國煇，《臺湾——人間・歴史・心性》，岩波新書，一九八八年。⑤《臺灣原住民史——泰雅族史篇》，國史館臺灣文獻館，二〇〇二年。⑥林えいだい編著，《証言 臺湾高砂義勇隊》，草風館，一九九八年等）。包括平地、山地在內，霧社事件成為日本殖民統治時期對日武裝蜂起的頂峰。之後，沒有發生過大規模的武裝蜂起，民眾轉向要求本島人在殖民地體制內建立議會、保障人權的都市型改革運動。現在，在臺灣，霧社事件作為抗日運動得到了高度評價（參考照片：一、二、三、四、五）。

二〇一一年公映的臺灣電影《賽德克・巴萊》以霧社事件為題材，是一部花費七億臺幣，耗時四年半製作的鉅片。影片使用了賽德克語、國語和日語。榮獲第四十八屆金馬獎「最佳劇情片獎」、「最佳男配角獎」等五項大獎。在山中自由奔跑轉戰，為了民族尊嚴與專橫的日本人進行戰鬥的身影，在臺灣得到極高評價。原住民的對日抵抗、自然與人性等在臺灣被賦予高度評價（參照《每日新聞》http://mainichi.jp/select/word/news/20110926dde007030002000c.html等）。另外，歷史學者吳密察強調指出「日本人所關心的是親日還是反日，但臺灣人則是以歷史為材料想要回顧自身的社會」（〈臺湾先住民蜂起の映画人気——日本統治下の《霧社事件》〉，《朝日新聞》二〇一一年九月十三日）。依我來看，日本社會上，抓外國人的話柄，簡單地以「親日」和「反日」進行區分的傾向的確日趨嚴重。對日本人的長處和日本優良傳統進行積極評價固然令人欣慰，但是連同其短處和歷史錯誤行為也讚揚不絕的外國人（包括一部份取得日本國籍者），也並非真正意義上的「親日」，將貽害日本走向正途。這樣的冷靜觀點是必要的。

第一部

臺灣桃園縣復興鄉角板山泰雅族

第一章

泰雅族和夫與日本妻子緣——海外通信、戀愛、結婚、山地生活

開篇

第一次訪談和夫（一九三八年九月二十九日出生）與緣（一九四三年四月十二日出生）夫婦的日子是二〇〇六年八月十二日、十三日。之後我又於二〇〇九年三月二十四日、二十五日及二〇一二年三月二十七日，就不明之處再度訪談，並就內容補充修改。第一次的訪談是與時任日本名古屋外國語大學的魏榮吉教授及四、五名臺灣友人分乘三輛汽車前往角板山，在夫妻倆的家中進行。

和夫（漢語名為陳振和，日本名為「泉和夫」，本人自稱「和夫」，其他人也稱他為「和夫先生」，為統一起見，以下稱之為「和夫」）主要講述了泰雅族——特別是角板山泰雅族的情況。和夫在日本殖民統治時曾接受日語教育，現在的日常生活中也一直使用日語，因此

日語說得相當流利。訪談基本上是用日語進行的。妻子綠因結婚當初曾受到媒體記者的追蹤糾纏，起初對於筆者的訪談並不十分熱心，後來逐漸消除顧慮，愉快地加入訪談。

由於當天未能全部完成訪談，魏榮吉等人先行離開，我一人留宿和夫家中繼續採訪。傍晚，和夫騎著機車帶我到泰雅族朋友經營的酒館。開放式的酒館孤立於山中，酒館中的客人也只有我們兩人。蚊蟲來襲，數隻野狗在四周遊蕩，著實吃驚不小。群山的輪廓依稀可見，夜色已深，酒館的燈光下飛舞著許多南國的蝴蝶。離開酒館時已是星斗滿天。清新的空氣，加上燈光不多，天空的星斗尤為耀眼。我們回到和夫家中，又一直暢談到深夜一二點左右。隔天清晨七點半起床。迥異於悶熱的臺北，角板山十分涼爽，不開空調也能舒適安眠。早飯後，因要去泰雅族長老那裡採訪，於是又坐上和夫的機車到了林茂成（其父親樂信・瓦旦〔ロシン・ワタン〕被蔣介石國民政府以「共產主義者」的罪名判處死刑）的家中。

在此先簡單介紹一下和夫與綠夫婦。和夫家中共有四男四女，八人兄弟姐妹中，他是長子，上有三個姐姐，排行第四。綠的兄弟姐妹共五人，她排行老么。和夫居住在桃園縣復興鄉𡍼澤仁村（圖一、二），曾是自來水公司的公務員，現已退休。和夫的身材魁梧高大，一副「山胞」的模樣。他所引以自豪的父親叫「泉民雄」。和夫在父親去世後因經濟狀況，不得不從高等農業學校輟學，進入自來水公司工作。和夫的一個姐姐是醫生。綠在工廠做工貼補家計。我本來打算向綠詢問一些有關「異文化摩擦」的問題，但言談之間，她本人似乎並沒有感到有什麼「摩擦」，已適應了山地生活，交談起來也非常愉快。和夫與綠育有兩個女兒，長女曾到日本留學，在神奈川縣的一所大學畢業後，回到臺灣結婚成家，現在在一家食品公司工作，擔任供應JAL機內食品的業務；二女兒曾就讀政治大學學習經營管理。綠非常自豪地說：「在臺灣，政治大學僅次於臺灣

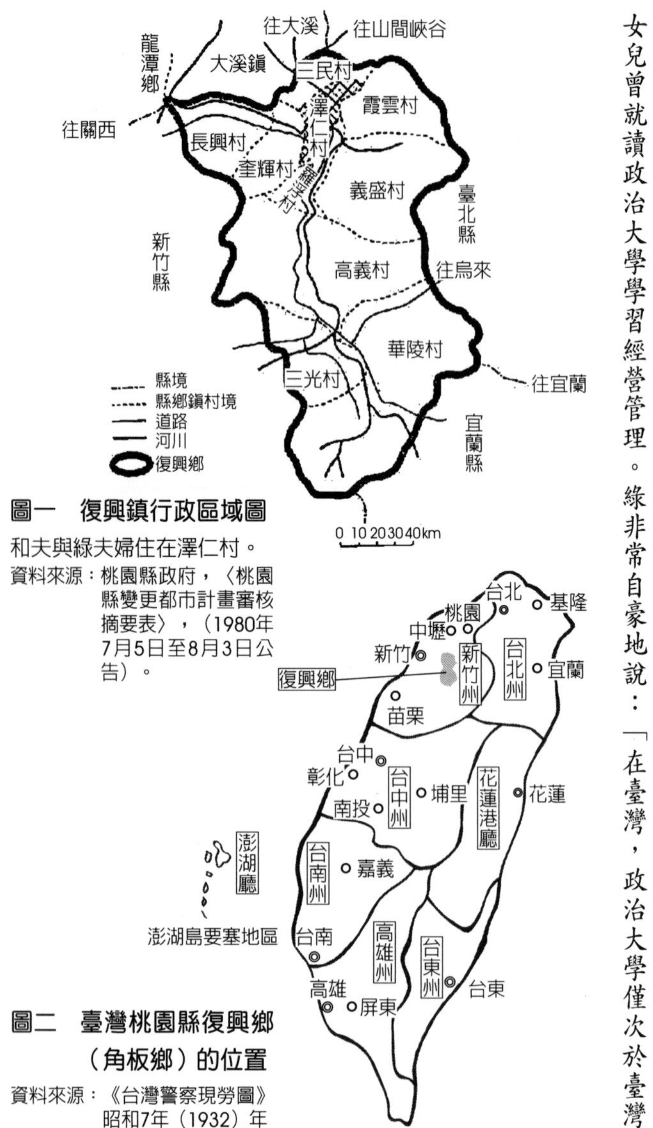

圖一　復興鎮行政區域圖

和夫與綠夫婦住在澤仁村。

資料來源：桃園縣政府，〈桃園縣變更都市計畫審核摘要表〉，（1980年7月5日至8月3日公告）。

圖二　臺灣桃園縣復興鄉（角板鄉）的位置

資料來源：《台灣警察現勞圖》昭和7年（1932）年

大學，相當於日本的京都大學。」二女兒大學畢業後，任職於一家銀行。

眾所周知，一九三〇年十月，在臺灣中部，臺中州霧社泰雅族（現在已從泰雅族獨立，成為賽德克族）為抵抗日本殖民地的理蕃政策（壓制政治、過度的強制勞動、歧視），在莫那・魯道〔モーナ・ルーダオ〕的領導下武裝蜂起。日本殖民當局甚至出動飛機進行鎮壓，日本軍警在第二次霧社事件時報復泰雅族，最後倖存者僅婦女兒童兩百三十人（一說為兩百八十九人）。這就是著名的霧社事件（詳見本書「緒論」註釋二）。霧社事件等研究在探討臺灣中部原住民上取得了很大進展，但對於臺灣北部的泰雅族基本上沒有提供明確的資訊。霧社事件時，北部泰雅族的動向究竟如何呢？

本章中，重要的核心話題自不待言，也包括了一些閒談等一般話題，作為分析考察臺灣北部泰雅族的歷史、經濟生活、民族、傳統、文化及思考方式的契機，我不作任何點評，盡量收集。訪談中出現許多人的姓名，雖已反覆確認，但對於彼此的關係還是存在著一些不明之處。另外，訪談原本打算以兩人的婚姻為焦點，追溯過往，但因話題涉及清代、日本殖民時期、國民黨政權時期以及現在，時代錯綜複雜，故不乏費解之處。為確保準確，我採取先將存疑處擱置一段時間，之後再次回到角板山重新詢問的方式；同時也結合其他人的訪談成果，按照時間序重新排列，並與相關文獻史料相互對照核實（參見筆者另一著作：《從臺灣北部泰雅族看近現代史》）。

一、和夫與綠結婚時的狀況

菊池：在詢問您們兩位結婚時的狀況之前，想先請教一個基本問題。這一帶為什麼叫角板山？

和夫：這是日本人命名的。不過有兩種說法。這一帶的山從空中俯瞰是一個三角形，所以被稱之為「角板山」。這是最為一般的說法。另一種說法是，「角」字拆開是「刀」和「用」字，暗指「用刀」入侵而來的日本軍，而「板」字拆開為「木」和「反」字，則寓意的是泰雅族用「木棍」（原始武器）反抗日本軍，所以叫作「角板山」。

菊池：和夫先生是原來部落族長的後裔吧。請講述一下您父親和祖父的情況。

和夫：我是泉民雄（原名為卜南・阿姆依〔プナ・アムイ〕）的長子。我父親是唯一一個考上臺北一中（現在的建國中學）的原住民，其他都是日本人。我父親很聰明，每次考試成績的第一名是日本人，他一直是第二名。或許父親實際上是第一名，因為第一名若不是日本人，校方會感到很不光彩。父親畢業後，當上了駐在所長。……一八九五年日本佔領臺灣之後發生了枕頭山戰役，泰雅族也有參加。

因山的形狀像個枕頭，故名枕頭山。它正好位於角板山對面。「山胞」（即原住民）沒有投降。「平地人」（臺灣漢族人，現在的本省人）沒有參加這場戰鬥。除泰雅族外，排灣族等原住民都投降了。

菊池：枕頭山戰役是一場怎樣的戰鬥？

和夫：在枕頭山戰役中，泰雅族使用了毒箭，因為用槍會有聲音。日軍騎馬，用馬馱炮，扛著槍爬上山來。泰雅族就學鼴鼠叫的聲音「茲吾、吾、吾」發信號。參加這場戰鬥的一千名日軍中，有六百七十二人（六百六十二人？）死亡。泰雅族因為打的是游擊戰，只死了七個人。泰雅族身著兜襠布，還將兜襠布像包袱布一樣包在頭上襲擊日軍，日軍大喊「動物」、「野人」，感到十分恐懼。但泰雅族對日軍的大炮也感到十分震驚，樹木被炸得紛紛倒下，只好從枕頭山的稜線逃出來。日軍舉起白旗，雙方開始談判。泰雅族方面參加談判的是林昭明的祖父。林昭明是我祖母弟弟的孩子。……日本人也不只是作惡，還是做了一些善事的。比如，溪口臺的水田就是在日本人指導下建的，我們以前是火耕田種旱稻。但是日本人總愛打人耳光，很可惡。不過沒用過死刑，這是好的。

菊池：日本的泰雅族政策怎麼樣？

和夫：日本人認為泰雅族第一代人反抗心理重，所以從第二代人開始進行教育。「以蕃治蕃」，也就是賞罰兼施，「糖與鞭」的政策。所以我父親泉民雄才能進臺北一中學習。

菊池： 好，謝謝！言歸正傳。請談一下你們結婚時的情況。

和夫： 綠第一次來臺灣是一九六八年。是以旅遊觀光的身分來臺灣的，逗留了兩個星期。在此期間，我們在法院辦理了結婚登記和結婚公證。為了拿到綠的居留證（當時為期一年，現在為期五年），還在法官的列席下，在警務處辦理了相關手續。綠將這些文件資料提交給日本的役所。再次來臺灣是一九六九年，這次我們舉行了結婚典禮。

綠　： 初次來臺灣的兩個星期就辦理了法院公證結婚，和夫一直在催：「快點！快點！」

和夫： 不結婚就沒法辦手續嘛。綠上高中一年級時，我們就開始書信來往，並確定了戀愛關係。綠來臺旅遊觀光時，我們才初次相見。在我們書信往來的時候，我在服兵役，接受軍事訓練。我將身著軍裝的照片寄給她，她還誤以為我是職業軍人呢。

綠　： 我們法院公證結婚的消息各大報紙都報導了。也不知道在什麼地方拍的，登了很大的照片。我旅遊觀光兩個星期就走了。一年後又再次來到臺灣。

和夫：法院公證結婚那時候還不多見，所以來了很多新聞記者，但我不理他們。記者沒辦法只能亂寫一通。……綠把在臺灣和我辦理的結婚手續拿到日本的戶籍事務所，從日本取得已婚的戶口謄本，有了它就可以住在臺灣了。觀光簽證是有期限的，結了婚就可以永久居留。國際法上，和敵人結婚也是沒問題的。中國人（即外省人）討厭日本人，但我和綠結婚了。

菊池：可以講一下結婚時的一些具體細節嗎？「法院公證結婚」是什麼意思？

和夫：我們是法院公證結婚。法院公證結婚是在未經父母同意的情況下，由法院批准結婚。

綠　：我最初來臺灣旅遊觀光就是為了申請公證結婚。民國五十七年十月十五日，法院正式批准我們公證結婚（**照片六、七**）。我拿回日本辦理國際結婚的手續，之後還需要辦一些相關手續，為了領到「入山

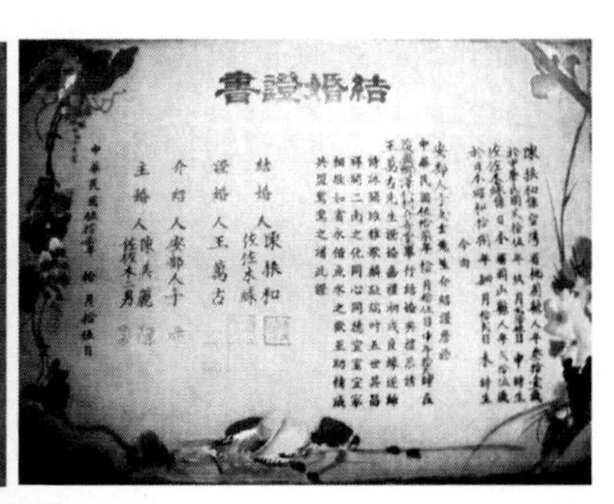
結婚證書

照片6、7　和夫與綠的結婚證書（和夫提供）

證」，需要辦專案申請。專案申請需要寫明入山理由和同居理由。結婚典禮只有我姐姐一個人來臺參加。舉辦婚宴時正好遇上颱風，簡直是亂套了。

和夫：當時除了角板鄉（戰前用名，現為復興鄉）的居民，沒有「入山證」一律不准進山。臺灣人也需要「入山證」，對外國人要求更嚴。……緣觀光旅行來臺灣的時候沒有「入山證」，很是為難，但最後還是進來了。我和日本人結婚的事情，大家都知道，一說就同意了。緣在我家住了幾天，她走之後麻煩就來了。因為外省人恨日本人……我被帶到警務處盤問。在桃園警務處，他們問我「你是怎麼擅自帶人進山的？」其實山下派出所的警官是我朋友，他睜一隻眼閉一隻眼，我們就進山了，可我決不能連累朋友，所以就撒謊說：「從後面的小路偷著進來的。」警務處的人又問：「臺灣有很多女孩子，你為什麼偏要和日本人結婚？臺灣女孩子有什麼問題嗎？」我說：「結婚和國籍、政治沒有關係，相愛了就結婚，不是嗎？」對方只好說：「說的也是。」……日本女朋友在臺北下了飛機，想到我角板山的家來看看，這是很正常的。她想知道未婚夫住在什麼樣的地方，是怎樣生活的，不行嗎？可警務處的人卻說：「不行。你住在特別管制區，任何外國人都不准進。臺北的話沒問題。」我問：「我們已經結婚了，怎麼辦？」對方說：「你啊，下山，到臺北住在平地就可以了。」我當時想這真是太混蛋了，就說：

「我沒有錢。在平地買房子沒那麼容易。」警務處的人說：「需要入山證，為什麼要偷著進山？這是違法的。」我被罰了款。他們還調查了這邊的警官，說：「為什麼讓他們進山？」這邊警官堅持說：「不知道。不知道他們是怎麼進山的。」他們責問：「日本人進山，你都不知道？你是幹什麼用的？」這個警官受到了處分，停發了一年的獎金。

菊池：當時和夫先生是公務員，在自來水公司工作吧？

綠：對啊。哪年哪月哪天幹了什麼都是有記錄的，所以和夫的獎金也受到影響。

菊池：是記個人檔案，對吧。

和夫：所以後來那個警官對我發牢騷，說：「都是因為你，我的考績由甲等變成丙等了。」……結婚後，我又去了警務處。我對他們說：「我們結婚了。帶日本的戶口來臺灣了。日本批准了。」警務處的人說：「不准進山。在平地，臺北、桃園、中壢生活都可以。」我就反覆對他們說：「平地的地價太貴了，我們買不起房子。」這裡有個當主任的外省人是總統的弟子，我跟他是朋友。他說幫我說說看，帶我到了警察署，問：「這個山地青年住在特別管制區，結婚了，想跟妻子住在一起，不行嗎？」他以前在大陸警察學校的一個老同學在警務署當領導，就問那人在不在。接待的人說：「在」。於是他們就見了面。「久違！久違！」寒暄了幾句，那位領導就問我是怎麼回事。我就把事情原委向他說明了一下。然後他說：「原來是這樣。你辦個專案申請吧。」

菊池：你認識的人很多啊。

綠　：因為在自來水公司工作嘛。

菊池：很抱歉。您說的一些專業術語我不太懂，「專案申請」是什麼意思？

和夫：就是走捷徑啊。但一般不會告訴你。所謂的專案申請，就是走法律程序，寫明進山的理由。能教你這樣做是很親切的啊。我就寫「我和日本女性結婚了。我住的地方是沒有入山證不准入內的地方。結婚有在一起同居的義務。」那位領導說：「早說就好了。」剛才那個臭擺架子的辦事人員，聽到領導發話了，說了句：「知道了，長官。」立刻去辦理了。領我去的人是我過去的同學。……

結婚儀式是在法院舉行的，但婚宴是在角板山辦的，共擺了二十幾桌酒席。不巧那天正趕上颳颱風。……婚宴在角板山「反共救國青年活動中心」（現在的復興青年活動中心）舉行，那裡能擺得下幾十桌酒席。綠穿著和服，我穿著西裝。綠的姐姐也來了。她母親送她姐姐到機場。來這裡的大溪路段，因颱風滑坡，汽車無法通行，親戚朋友都無法來參加婚禮。我心想「準備了二十幾桌酒席沒人來吃，這可怎麼辦啊。」但是，實際上還不夠。結婚時要向熟人和親戚朋友發紅喜帖，通知大家。住在這裡的人，不認識的也來了。為什麼來呢？都是想來看看新娘子綠。我可沒有通知他們啊。但大家都包著紅包來了。

菊池：你們雙方父母沒有反對嗎？

和夫：我們家親戚都很歡迎，但是綠的親戚反對。很不容易。但是綠很堅決。新聞記者也來到大溪的汽車站，是尾隨來的。「你就是和日本人國際結婚的吧？」「你為什麼和她結婚呢？請講一下你們的愛情故事，好嗎？」還上了報紙。但是我什麼也沒有回答。煩得要命。所以他們就自說自話地寫了「山地青年或許很貧窮，但綠說『丈夫就是窮也無妨，是愛情的力量讓我嫁到這裡來的』」的文章。

菊池：說得好。

和夫：沒有啦，都是那些新聞記者亂寫的。（他們）說綠說「有句北京話，叫『嫁雞隨雞，嫁狗隨狗』。」都是他們瞎編的。那個時候泰雅族與日本人國際結婚的很少，所以覺得是件稀奇事，有報導價值，就來了一些新聞記者。現在，泰雅族和日本人結婚，肯定不會成為新聞的。演藝界的人或許還差不多。……當時，就是臺北人（外省人）和日本人結婚也不會轟動。因為「野蠻民族」的「山胞」和日本人結婚的很少，所以才這麼轟動。就是在這樣一個複雜困難的時期，綠來到這裡。

菊池：綠女士的家人為什麼要反對？因為和夫是泰雅族嗎？

綠　：不是。因為越南戰爭已經打了好幾年了，臺灣是美軍的兵站基地，在臺灣有很多要去越南的美國軍人。我們家擔心的是越戰的事情。臺灣在語言方面，日語在一定程度上是可以溝通的，那時所擔心的是越戰會長期打下去。

和夫：臺灣距離越南很近啊。美國兵來臺灣休整，是來玩女人的。但是他們不來角板山。到這裡來的一直是中華民國政府的有關人員。

綠　：當時日本的計程車已經有空調了。在臺灣計程車的車窗玻璃破了，是很平常的事情。雖然日本計程車有空調也沒有幾年。在計程車上我穿著姐姐給我的長袖和服，中途發動機又出了故障……弄得和服上全是灰。

和夫：結婚典禮是九月底。我們乘計程車從桃園到臺北。綠最初是和她姐姐一起來的。計程車能坐四個人，一個人坐在前面，三個人坐在後座上。我們只有三個人，可當時計程車不坐滿四個人是不拉的。因為乘車地點是在車站禁止載客的地方，警察就過來喊：「停車！停車！」計程車司機嚇得連忙開車就跑，車門猛地一關，車窗玻璃上原來就有裂縫，結果玻璃一下子就震碎了。司機一個勁兒地對我們喊：「快來呀！快！」以前坐計程車是按人收費的，比如說一個人收一百塊錢，一輛車可以坐四個人，就要四百塊錢。可我們只有三個人，沒辦法，我付了四個人的錢，他才開車。

菊池：現在臺灣鄉下乘計程車還是中途不斷地上下客人。我坐的計程車也一樣，讓我按跳錶付錢。在我之後上車的乘客是怎麼付的錢我不知道，但也付錢了。

和夫：現在臺北市內全部跳錶了，不讓其他客人上了吧。

綠：中途不斷上下乘客應該說還是挺合理的。特別是走高速公路，不坐滿四個人還是有些浪費的。

菊池：有結婚典禮的照片嗎？

和夫：當然有。等一下。你看（**照片八**）……還有一張（**照片九**）。照片上的是我，「臺灣的石原裕次郎」。日本的新聞記者說「你

照片8　西裝婚紗結婚典禮照片，據說在此之前穿的是和服（和夫提供）
照片9　青年時期的和夫（和夫提供）

要是到日本，一定能成為電影演員。」這可是真的啊。

綠：當時他很瘦，是「骨皮筋右衛門」。

和夫：那還不是讓你給累的。結婚時發生的事情真是太多了。

綠：那時來了三十來個記者，剛才沒說嗎？

和夫：那個時候真是累得夠嗆。……結婚後也一直忙個不停。「山胞」都來了。說日本女性怎麼樣，怎麼樣，「真漂亮啊！」「好可愛呀！」（**照片十、十一**）

綠：二十多年以前，也就是發生日航客機墜機事故的那一年（編按：一九八五年八月十二日），八月份盂蘭盆節，我和丈夫一起第一次去了我的故鄉岡山。

和夫：是。綠的父親在我們結婚之前就去世了，但結婚時綠的母親還健在。在臺灣戒嚴時期是沒辦法去見面的，特別是公務員。蔣介石活著的時候沒能去。解除戒嚴（一九八七年）後我才去了日本，可是那時綠的母親也已經過世了。臺灣的外國人可以去，但臺灣人不能去。所以我沒有去綠的岡山老家。蔣經國當總統後，解除了（這一限制），但軍人、警察還是不能去外國，一般公務員可以。所以我第一次去了日本。先到韓國，再到日本名古屋，然後到了岡山老家。那裡比這裡還要鄉下，我很是吃驚。大家都務農。

10 照片10　新婚旅行時的和夫與綠（和夫提供）

11 照片11　烏來瀑布前合影。
左一為樂信・瓦旦的四兒子昌運（醫生），左二為安部老師（和夫提供）

二、關於婚後山地生活和習慣的差異

菊池：綠女士，您來到山裡有沒有感覺到習慣差異和文化衝突？

綠：別人是別人，我是我。這邊做飯的方法很多，我還是按照自己的做法做。不過還是向婆婆學了很多。

和夫：我母親年輕的時候，是日本統治時期，和日本人一起生活過，所以對於日本的生活習慣也十分了解。味噌湯什麼的。綠剛來的時候很溫柔，可後來……。

綠：因為我第一次來臺灣是和日本阿姨（安部老師）一起來的，語言上不存在什麼障礙。

菊池：是你的親阿姨嗎？

綠：不是。是在「滿洲國」當過學校老師，終戰後返回日本的人。

菊池：那麼，她會說北京話了？

綠：會說一點吧。可滿洲是日本啊。在滿洲基本上都說日語，所以大家的日語都很好。

和夫：她對中國的社會有一些認識。……所以蔣介石敗給中共逃到臺灣時，一起從滿洲逃來的中國人也會說一口流利的日語。他們不是共產黨，好像是國民黨。

菊池：綠女士來到臺灣後，有沒有被警察傳喚過？

綠　：沒有。

和夫：傳喚她幹什麼。臺灣已經和日本建交，影響了外交怎麼辦？

綠　：那時候臺灣有日本大使館。田中角榮當了首相之後就變了。

和夫：日本和中國建交，把臺灣拋棄了。所以變成了「交流協會」（當時叫亞東協會）。現在沒有日本大使館了。當時在日本也有中華民國大使館。

菊池：吃了不少苦吧。

和夫：可不是嘛。

綠　：都是一個國家，一樣的國民，可這裡（角板山）卻被隔離了起來。

和夫：因為這裡是特別管制區，還有蔣介石的行館（**照片十二**）。同時它也是一般「山胞」的家

照片12
蔣介石在角板山視察

左後方身著黑色西裝者為接待陪同的樂信・瓦旦。樂信・瓦旦右側的青年應該是蔣經國吧。（林茂成提供）

鄉。平地人覺得「山胞」文化低就來騙我們。他們進山來掠奪「山胞」的土地。因為習慣不同，「山胞」覺得難以適應，就想阻止他們進來。山裡有蔣介石的行館，所以檢查特別嚴，因為怕暗殺。角板鄉的居民有兩千來人都到這裡來買東西（和夫家的附近有一條小商店街和市場）。蔣介石一來，要檢查，沒帶身分證的一律不准進。……有蔣介石的別墅，真是太麻煩了。不是發生在角板鄉的事情。蔣介石乘車去臺北陽明山的別墅，一個居民正好在路邊上廁所，因為是解大便，所以要蹲著。總統的車隊來了，前面開路的車上坐著警衛員、弟子和警察，他們都帶著手槍。突然有人從路邊站起來，他們心想：「危險，有人想暗殺總統。」於是拔槍就打。那個人雖沒被打死，但卻負了重傷。總統所到之處要絕對保證安全。後來審訊那個人時，他說：「看到總統車隊來了，我吃了一驚。怕不禮貌，我就站起來了。」

菊池：綠女士在來臺灣之前，了解臺灣嗎？

綠：我有臺灣朋友，聽說過一些事情。

菊池：是臺北的朋友嗎？

綠：不是。是我在日本認識的臺灣人。聽說過一些，但聽說總歸是聽說，沒親眼見過還是不清楚。

和夫：住在平地沒有問題。可這裡是特別管制區。

綠：關於這些我完全不了解。臺灣是個長得像地瓜一樣的「小國」。日本等外國人不准進山是完全沒有想到的。沒有相應的法律。沒有法律規定，也就是說我是打破法律的，是不是覺得很奇怪？我就覺得這是一個不可思議的國家。同一個國家卻有國民不准進的地方……

和夫：所以需要專案申請嘛。……因為怕綠逃走，所以沒有對她直說。直到有了孩子，我才對她說臺灣就是「這樣一個國家」。

菊池：綠女士的親戚對臺灣有多少了解？

綠：山地民族的事情，從老年人那裡聽說過一些。「征伐臺灣」時，日本來了優秀的人才。因為泰雅族優秀，所以從日本也來了優秀的人才。

和夫：這裡都是「野蠻人，不是人」，所以要「征伐」。我們戰鬥了，可是泰雅族敗給了日軍。

菊池：您和這裡的人發生過矛盾糾紛嗎？

綠：和「山胞」沒有，和外省人有過。因為我是日本人，他們就訓斥我。從中國大陸來的人讓我看他們的腿和背，說：「這都是日本人打的。你看，這裡的傷疤也是。」這種人現在活著的比較少了。當時我想我又沒去參加戰爭，訓斥我又能怎麼樣呢……

和夫：說到戰爭，在大陸外省人被日本兵俘虜毆打過。第二次世界大戰時，日軍佔領了大陸（其中一部分），他們被日本人毆打過，受過傷，他們恨日本人。但那時綠才兩、三歲，我也只有七歲，根本不知道戰爭中所發生的事情。

菊池：蔣介石來過這裡吧。這一帶外省人多嗎？

綠：多。

和夫：有兩千來人吧（不是一般的外省人，而是軍事人員和部隊士兵）。

綠：日本從前和許多國家，朝鮮啊、中國啊發生對立衝突，我在歷史教科書上學過。我也不太清楚具體情況，處於那種年代，應該是相互的吧。以前叫高麗，現在還在衝突對立，我知道的高麗人中也有好人。我父母也說過「朝鮮人中也有好人。」不過，一般而言，說到日本和朝鮮的歷史就難了。……臺灣電視播放的戰爭劇，不知為什麼日本人的名字大多都用「佐佐木」這個名字。我就姓佐佐木。什麼「佐佐木小次郎」啊等等。

菊池：大概是作為日本人的代表使用的吧。

綠：「佐佐木小次郎」在臺灣很有名啊。各種內容，不論好人壞人都姓「佐佐木」。

和夫：外省人來到臺灣後，電視上就開始播放日本人在中國大陸做的事情。

菊池：和閩南人之間產生過矛盾嗎？

和夫：我們家在日本人來之前和平地人，特別是閩南人發生過戰爭。

綠　：和閩南人曾是敵人。

和夫：平地人都是敵人。客家也一樣。只要進山就殺。「山胞」到平地也被殺。雙方有邊界線，有山地的地盤和平地的地盤，在邊界線打。

菊池：和客家也有矛盾嗎？

綠　：少一些。客家很團結。客家人口少。客家很吝嗇，一分錢也要節約著用。

菊池：也有不是這樣的人吧？

和夫：客家人窮，一般都很吝嗇。福建南部的閩南人四百年前就來了。閩南人來臺灣比較早，所以佔據了好的平地。客家是後來的，所以只能到平地與山地之間和丘陵地帶。如果再往深處走就會和「山胞」發生衝突。不過這也增加了和「山胞」接觸的機會。客家嘴很甜，常把「求求你們」掛在嘴邊，很低調。以前沒有電冰箱吧。客家就來巴結「山胞」，說：「給你們送鹹魚和餅來了。」對於「山胞」來說，他們是平地人，是外來者，最初就打起來了。後來客家就來對「山胞」說：「你們沒有孩子吧。我們把孩子送給你們。」也就是認乾親。就這樣變成了親戚。之後，就說：「求求你們，讓我們進山吧。」因為是親戚了，「山胞」就無法拒絕了。進來之後又說：「借給我們土地吧」，於是又把土地借給他們。就這樣客家不斷進到山裡。山裡沒有鹽，客家就給你鹽。沒有火柴，他們就給你火柴。一步一步進到山裡。山裡也有代替鹽的蔓菁之類的東西。將這些植物葉子榨一下，就能像鹽一樣。但是山裡沒有海鹽。平地人靠海。客家帶來鹽，「山胞」就不收地租了，以鹽換地種。客家到平地，會和閩南人發生衝突。對於客家來說，下山有閩南人，上山有「山胞」。因為夾在中間，他們覺得巴結「山胞」更為有利。我祖母就是龍潭的客家，祖母小時候給泰雅族做養女，所以我也有一點客家的血脈。

綠：這些都是我來之前的老話。

和夫：也不是太老啊，是日本人來臺灣之後的事情。

菊池：泰雅族和其他原住民之間有矛盾嗎？

綠：泰雅族的臉色較白。相比之下，南部原住民的身材矮，肚子大，皮膚黑。臺灣的原住民也是各種各樣，語言也較為繁雜。

和夫：還有他們的眼珠子白。民族不一樣。他們是從印度尼西亞、馬來西亞來的。日本時期，臺灣沒有阿美族和布農族，原住民的總稱是「泰雅族」。泰雅族是「山胞」的代表。黑色人被稱為「土人」。在和日本戰爭時其他民族都投降了。泰雅族是優秀的民族，有一種「寧願死在自己的土地上也不拱手相讓」、「絕不服輸」的精神。直到最後才被日本軍打敗。

三、蕃刀與紋面

（一）蕃刀

綠：泰雅族是「斬取首級的民族」。用短刀斬了很多日本人的頭顱。

和夫：不是短刀，是蕃刀。

綠：刀面較寬，有點像鐮刀。日本刀長，蕃刀短。一砍人頭就掉下來了。就是這樣的民族。你到臺中的「九族文化村」看看就知道了。泰雅族在那裡擺了很多人頭。[2]

（之後，筆者去了「九族文化村」，在展架上擺放著二十到三十個頭蓋骨的複製品。【照片十三】）

照片13　九族文化村泰雅族敵首棚
（〔現在敵首棚的展示已被撤除〕筆者拍攝）

菊池：蕃刀大概有多長？

和夫：有四十到五十公分（這是標準型的。蕃刀有大中小三種，長的有一米多長）。日本刀是用雙手砍人，而蕃刀只用一隻手就可以。一隻手揪住頭髮，另一隻手砍人脖子。咔嚓！刀起頭落。

綠：泰雅族還是個與山豬格鬥獵豬的民族。

和夫：在山上狩獵，先把狗放出去。狗跑得速度慢，但有耐力。山豬跑得速度快，但沒有耐力。山豬跑得沒有力氣了，狗才去反擊。狗叫的時候，人也就到了。山豬向人猛衝猛撞。山豬頭是尖的，用蕃刀無法砍碎它的腦殼，所以就從下面對準它的胸部直擊心臟。要一刀斃命，否則人就危險了。特別是公山豬有牙很厲害。

菊池：母山豬沒問題嗎？

和夫：母的咬人。被它咬一口，骨頭就斷了，所以母的也很可怕。一定要一刀斃命，如果刺中的不是心臟而是肚子，那可就慘了。垂死掙扎，人也跟著一起倒霉。

菊池：打仗的時候也用蕃刀嗎？

和夫：日本軍在新幾內亞打仗時，徵集了高砂義勇隊。當時我父親因為當警察沒有去當兵（當時有警察不去從軍的規定）。戰爭末期，五十多歲的人也要從軍上戰場。我那時候在榮華深山裡，只有幾歲。妻兒老小排列在道路兩旁，手拿日本國旗高呼：「加油！」「必勝！」為他們送行。我也拿著日章旗參加了。當時我父親在榮華派出所，親自指揮。姐姐（和子）、孝男、妹妹、我都去了。那時還沒有祥坤，他是在高義出生的。……

去南方戰線因患痢疾等病死的人也有。日本兵水土不服，沒有吃的東西。「山胞」大顯身手。他們到山地叢林設陷阱捉山豬，給日本兵吃，但沒有足夠的糧食吃。用日本刀砍美國俘虜兵的人頭。日本兵說：「比試一下，是日本刀快，還是蕃刀快。」日本兵先用雙手握著日本刀砍，但沒有砍下來，然後改用高砂義勇隊的蕃刀，一隻手嗖的一下，刀起頭落。還是蕃刀鋒利。刀身短，其他就是技術問題了。……因為沒有足夠的糧食，「山胞」就用「山珍」和「美軍俘虜」的肉混在一起煮。是人肉啊！聽說是給日本兵吃了。「山胞」知道是什麼肉所以不吃。日本兵可不知道。……最終還是日本戰敗了。僅角板鄉就有四百多人去了南方戰線，活著回來的不足百人。我母親的弟弟也去了，回來的是遺骨，死在那裡了。

菊池：您說的「山珍」是什麼東西？

和夫：「山珍」就是山豬肉、鹿肉等，在山上打的動物的肉。「山胞」設陷阱捕鹿。日本兵不知道設陷阱的方法。部隊的兵太多了，光是「山珍」不夠吃。肚子餓，處死的美國俘虜兵的肉，不管什麼肉都吃。不過聽說後來日本兵知道吃的是美國兵的肉，全都吐了。「山胞」在內心嘲笑他們：「你們什麼都不會。『山珍』逮不了，山豬打不到，只配吃美國兵的肉。」在南方戰線有這樣的說法。……高砂義勇隊在戰鬥時也一直打頭陣，日本兵在後面命令「殺啊！衝啊！」可是死的卻是日本兵多。因為美國大炮的炮彈總落在隊伍後面，前面反而安全。

（二）紋面

菊池：泰雅族的紋面非常有名。

和夫：是的。男的紋在額頭和下顎上，女的滿臉都紋。女人不紋面嫁不出去。

綠　：小姑娘十四、五歲紋面，然後再結婚。

菊池：紋面的時候不疼嗎？

和夫：很疼，疼得地上打滾。紋面需要一個月的時間。以前是把煙囪灰塗在針上刺。女的紋的面積比較大非常痛苦。紋了後臉會腫但沒有藥。林昭明的母親你見過嗎？她有紋面。

菊池：我在她九十五歲生日的宴會上見過她（**照片十四**）。當時有八十人參加。我是和朋友黃德財律師一起去參加的。綠女士也參加了吧？另外，我在工廠也見過綠女士。加上這次，我和您應該見過三、四次面了吧。您還記得嗎？我也和和夫先生見過啊。

和夫：林昭明的母親活到一百歲，現在已經去世了。

菊池：為什麼女的紋面面積要比男的大？

和夫：說是表示能吃苦耐勞。

（三）其他

菊池：以前泰雅族生病受傷了怎麼辦？

和夫：有巫婆。她治病，我們送禮物。一次治不好，要來好幾次，這樣可以多得到一些東西。還占卜算卦。是泛靈論吧。

菊池：應該是薩滿教吧。

綠　：我也見過巫婆，臉上有紋面，很可怕。

菊池：您到角板山後，還有其他吃驚的事情嗎？

綠　：當時「山胞」還有赤足不穿鞋的。腳又大

照片14　林昭光、林昭明的母親九十五歲生日（筆者拍攝）

又寬，腳趾像雞爪子一樣是張開的，很令人吃驚。「山胞」因為不穿鞋，腳很大。我剛來臺灣的時候，還有這樣的人。最年長的大伯就是這樣的。非常吃驚。出於禮貌又不能盯著看。就是腳小一點的，也比一般人的大。

和夫：日本統治時期，日本人曾帶著角板鄉的頭目們去日本觀光。因一直光腳生活，腳又大又寬，一般的鞋穿不上，就硬穿。要是穿膠底布襪，還問題不大。……因為常爬山，皮很厚。一般人的腳是爬不了山的。腳像羊蹄一樣是分開的，好爬，懸崖峭壁也能爬。腳大的人很多。我祖父的弟弟懶，所以腳不大。

菊池：我曾聽說臺灣原住民有父系社會也有母系社會，泰雅族是父系社會吧。臺灣原住民的傳統結婚形態是怎樣的呢？

和夫：臺灣原住民中只有泰雅族一直是一夫一妻制的。[3]妻子出軌，要被關進竹屋不准見人。因為丈夫家的人感到很恥辱。只給她送點吃的。男人出軌不關屋子，但會說你背運打不到山豬和鹿，不和你一起去打獵。一個人是沒法打獵的。這種習俗到日本統治時期還持續了一段時間。後來日本人以不良習俗，禁止了。

菊池：剛才吃午飯的時候，和泰雅族的山菜飯一起端上來的五公分左右的魚是什麼魚？

和夫：是生蕃魚。這種魚只生長在清溪裡。嘴很大，和香魚一樣用大嘴吸食細長的蘚苔。最大的有三十到三十五公分左右。颳颱風和發大水沒有蘚苔的時候，用蚯蚓和蟲子也能釣。日本統治時期，「山胞」把警察當作大人物。有一次，「山胞」用這種魚宴請日本人的駐在所所長，那個所長覺得很好吃，就自己去釣，可是怎麼也釣不到，用網和魚叉也是一樣。所長急了，說：「想釣也釣不到，和不聽話的生蕃一樣。」後來，這種魚就被稱為「生蕃魚」。……其實用麵包也能釣上來。當時還不知道，而且那時也沒有麵包。現在大家都用麵包來釣。

四、綠的山地生活

菊池：綠女士在山地開始實地生活後有什麼感受？結婚時這裡通電了嗎？

綠　：通電了，也有電視了。可是再往裡面就沒有了。不是用蠟燭，就是用油燈。公車的車內也不點燈，黑燈瞎火的。從這裡往裡面一片漆黑，有點可怕。這方面要比日本差很多。

和夫：復興鄉很大。從這裡往裡面三、四十公里都是復興鄉。三光沒有通電。

綠　：三光有煤氣和自來水，但是沒有電，都用油燈。我星期六和星期天去打柴。洗澡水用柴燒，做飯炒菜也都用柴火。那時洗澡還沒有浴盆。

和夫：幾年後就開始通煤氣了。大概要比日本晚十年左右。日本以前也是用柴火啊。臺灣用煤氣也就比日本晚十來年。

綠：柴火還好，沒有空調可真讓人受不了。這裡非常熱，濕度也比日本大，又悶又熱。

菊池：日本一般家庭普及空調也沒有多長時間吧。突然一下子大家都裝空調了。

綠：有這樣一個笑話。中國人來臺灣的時候，臺灣比中國發展得快，牆上裝有水龍頭……

和夫：對，對。這是真事。國民黨是從中國大陸來臺灣的吧，我在的地方來了國民黨兵。在中國大陸都是用井水和河水。挖深井，沒有自來水。在臺灣牆上裝有水龍頭，一擰水就嘩嘩地流出來了，就好像水是從牆裡流出來的。於是那些國民黨兵也去買水龍頭裝在牆上，可是水流出不來。他們就氣得大喊：「為什麼不出水啊？」

綠：中國當時就是這麼落後。

和夫：我以前總以為中國大陸非常發達，打仗厲害，戰勝了日本。怎麼也沒想到是這樣的落後。水龍頭是要裝在自來水管上的，這是一般常識。這可是五十多年前的真事啊。

和夫：給你看張照片（**照片十五**）。這是日野三郎（樂信・瓦旦／林瑞昌）和我父親。日野是我父親的伯父。他那時候是醫生。你再看看這張（**照片十六**）。這個頭大的是我，穿著一雙大木屐，大概三、四歲吧。這是我姐姐和子。這是後來當了鄉長的孝男。這是我母親，穿著和服，是夏天穿的浴衣。這是三光駐在所。孝男就是在這裡出生的。我也是在這裡出生的。我姐姐是在霞雲出生的。駐在所的警察是要調換工作地點的。我母親沒有文化但很漂亮，所以我父親一眼就看上了。泰雅族就是想穿和服也沒那麼簡單。我父親是警察，和日本警察一起工作當然會說日語。我是二十七歲才開始學習泰雅族話的，是父親去世後才開始學

15 16 照片15　樂信・瓦旦（右）與少年時代的和夫父親（和夫提供）
照片16　和夫父母與孩子們。在大溪郡警察官吏駐在所前（和夫提供）

的，以前都說日語。這張照片是在泰雅族的警察署（駐在所）門前照的。非常珍貴吧。當時還是皇太子的昭和天皇要來，所以在角板山建了迎賓館，可沒來成。

綠：我丈夫的兄弟姐妹個子都很高。

和夫：我現在一米七七，年輕的時候一米七八。這樣的照片一般人是沒有的。當時他們沒有照相的資格。

綠：我丈夫的父親很優秀，就是去世太早了……

和夫：我父親演講不用稿子，只要給個題目馬上就能演講，所以我父親是國民學校家長會的會長。大家都叫他泉先生，他上臺就用日語演講。那時我是國民學校一年級的學生。父親當時不會說北京話，可蔣介石的軍隊已經來了。於是父親就跟著我拚命學說北京話。有時還訓斥我：「好好教！」日本戰敗後，中國政府（國民黨政權）來了。中國政府沒有馬上施行選舉，對我父親說：「你出來當縣議員吧。」於是他成了第一屆新竹縣議員。議員要進行演講，有的議員不會演講，就求助我父親：「泉先生幫我寫篇演講稿吧。」我父親就是不學習，腦子也很好用。要是我父親還活著的話，今年該九十六歲了吧。林昭光八十三歲，是我父親的表弟。我父親是家中最小的孩子，身高六尺，是個英雄。

菊池：可以介紹一下日野三郎的情況嗎？

和夫：日野是畢業於臺北醫專的醫生，想改善山地的衛生狀況。在山地人們不相信日本醫生，所以派日野來從事撲滅瘧疾和痢疾的活動。他告訴我們生病的原因是蚊子。這也算是打破迷信吧。[4]日野的妻子是日本人。好像是東本願寺派和尚的女兒。在日本的理蕃課，有人問：「有願意嫁到臺灣的請舉手。」去臺灣的哪個族也不知道，也沒有到過臺灣，但坐在最後一排的一個女性舉起手，說：「我去。」很有膽量。這個人就是日野後來的妻子。她叫日野サガノ，出生在日本愛媛縣。在蕃童教育所有一個警官出身的老師，叫本野，也是愛媛縣人。由他來照顧她的生活。……日野在的時候，日野夫人還比較厚道。但日野不在時，對下人相當苛刻。我母親曾到日野家幫傭，做飯打掃衛生。日野夫人非常看不起「山胞」。她自己的丈夫也是「山胞」啊！日野的親戚來了，她就「還沒有打掃衛生呢，趕快幫著打掃」，讓人幹這幹那。對人特別不客氣。日野知道後，還打了她幾個耳光。她一個勁地求饒：「對不起。我錯了。」可是事後還是一樣，對下人的態度一點也沒變。大概精神狀態不太穩定吧。他們夫妻育有幾個孩子，個個都很聰明。

菊池：日野的妻子是大家閨秀嗎？她生長的家庭環境，您知道嗎？也許除了日野以外，她對泰雅族抱有歧視態度吧。

和夫：日野妻子的生長家庭環境，我不太清楚（後來得知，日野妻子是大地主的女兒）。她出生在愛媛縣松山市附近的伊予，和本野老師是同鄉。

菊池：日野被處決後，他的妻子怎麼樣了？

和夫：日野死後，她和四個孩子在角板山。兄弟四人都接受了高等教育。長子茂成畢業於臺北一中（現在的建國中學）。他現在身體不是太好，還在幹農活。他也被外省人搞得很慘。老二在日本當醫生，現在患了老年癡呆症。在學校當老師的老三已經去世了。最小的兒子老四比我小兩歲，是臺北醫大的醫生，現在已經退休了。明天一起去茂成家，在三光那邊。孝男是在那裡出生的。我是在角板山出生的。菊池先生，明天吃了早飯，我們騎機車去茂成家。[5]

本章註

1 復興鄉位於桃園縣南端的山丘地帶，東有達觀山，南靠西丘斯山和泰矢生山，海拔二千多米。復興鄉的北邊是大溪鎮和臺北縣的三峽鎮，東邊是臺北縣的烏來鄉，東南是宜蘭縣的大同鄉，西南與新竹縣的關西鎮相接，總面積約三百五十平方公里。復興鄉由三民、澤仁、羅浮、義盛、霞雲、長興、奎輝、高義、三光、華陵十個村子組成（桃園縣政府《桃園縣變更都市計劃審核摘要表》一九八〇年，第十二至十三頁）。桃園縣政府作為風光明媚的地域，致力於復興鄉旅遊觀光事業的開發。現在也有部分本省人的漢族人在該地區居住，但復興鄉原來全部都是被稱為「山胞」的泰雅族的居住區。（編案：此依訪談當時的行政區劃舊名）

2 人頭擺放處被稱之為「敵首棚」，通常設置於各部落的入口處，擺放著出草時斬首的敵人首級。其代表的意義和作用有：①警告之意——以展現該部落的強悍戰鬥力，並警告企圖不軌的敵人，不要輕舉妄動；②抵禦惡靈——部落中若有不斷發生的疾病、飢餓、惡死等不祥不順之事，即表示部落的精神戰力不足，正受著惡靈侵擾，必須有強者之靈駐守，以抵禦惡靈的侵擾；③對生命之尊重和認同——將敵首供奉在一定的場所，以尊重其生靈，並祝其早日歸天，同時也表示認同遵守在四周中的靈魂，已與部落結合成生命共同體（參照九族文化村的說明）。

3 一般認為臺灣原住民全部都是一夫一妻制。

4 和夫還談到有關日野醫療治病時所發生的一些生活趣聞，因與本書主題無太大關係，且涉及一些個人隱私，故在此割愛刪除。

5 據和夫介紹，有段時期，日本的中小企業的公司經理和員工到臺灣來玩女人，包養情婦，生孩子。當時所生的孩子現在都已經長大成人。在角板山也有數名這樣的日本混血兒。……其中一部分人當時在日本已有家室，為此產生了嚴重的家庭糾紛。

第二章

和夫單獨訪談錄

——對父親的思念、自我成長、對緣的愛

開篇

二〇〇九年三月二十四日，我和鍾錦祥（現任東南科技大學助理教授。廣東客家出身的臺灣人。我在大阪教育大學執教時的大學院生）在龍潭見面後，一起開車去了角板山。起初與小鍾相約一同去採訪，但因他大叔是被泰雅族馘首的，故對前去採訪十分猶豫。在我勸說道：「都是過去的事了，這又何必呢」，才勉強同意。儘管在採訪和夫的過程中，大家有說有笑，氣氛十分融洽，但我還是十分震驚，沒想到在臺灣竟有自己的大叔被馘首等各種複雜關係。

訪談是在和夫家老宅上重新翻蓋的三層樓新居進行的。訪談從中午一直持續到深

夜，中途我問和夫：「你累了吧？」他卻說：「沒關係。不累，不累。」又把話繼續下去。深夜，他還拿出當地釀造的珍貴藥酒請我吃宵夜。酒意濃濃，和夫把自己的酸甜苦辣、喜怒哀樂傾訴出來。有自豪與剛強，也有自卑與軟弱。據緣介紹，這所房子建於和夫對母親懷有深刻記憶的地方。或許和夫是想在充滿往事記憶之處來講述自己的過去吧。這次訪談的部分內容在上一章的訪談中已經有所涉及，但這次和夫講述的更為細緻入微，本章除將完全相同重複部分刪減之外，其他部分均予以保留。

一、和夫的父親．泉民雄

菊池：泉民雄當時是警察的部長級別吧。

和夫：是。當時「山胞」中能夠升到這樣職位的人是很少的。每次考試，父親都及格，非常聰明。按現在的說法是派出所的所長。部長佩掛日本軍刀，很了不起。其他人都是他的部下。部長還穿油光錚亮的高筒日本軍靴，普通警官穿的是像普通士兵穿的那種膠底布襪。部長下面有一名副部長，二名警吏和五、六名警丁。警丁也稱為「工友」，是打下手的勤雜人員。在平地，人要多得多，大概有五、六十名部下。

菊池：令尊是什麼時候去世的？是因為生病嗎？

和夫：父親是在四十四歲那年因膽囊炎去世的。患膽囊炎最初的一、兩個星期十分疼痛，這裡的庸醫誤診，說是患了瘧疾。注射了許多治瘧疾的藥也沒治好。當時這裡已經通公車了，可是不載病人。那時這一帶還沒有計程車，姐姐只好去大溪叫一輛計程車，才從這裡把父親送到臺北的醫院。可是當時已經發病一個多星期了，給耽誤了。到臺北的醫院時，膽囊已經腫破，膿流遍全身，沒救了。要是現在，根本不會出問題的。

菊池：要是現在就不會死了。

和夫：對。要是現在就能夠活下來了。要是活下來，父親就能當上鄉長了。一定能當上鄉長。……父親沒能當上鄉長，所以過了許多年之後，弟弟孝男為了實現父親的遺願，當上了鄉長。……戰後第一次民選，林昭光當選了鄉政府的鄉長。那時林昭光年輕，又是高等農業學校畢業的，但和我父親相比，他的學識還差得很遠。林昭光是日野弟弟的兒子。我們是近親，也沒有爭的必要，所以那時父親沒有參加競選，把鄉長的位置讓給了林昭光。但是林昭光當上鄉長後，任期未滿就被國民黨逮捕了。於是大家就支持我父親，說：「泉先生參加競選吧！」「泉先生給我們當鄉長吧！」想讓我父親出馬競選鄉長。父親當警察時對人很親切，所以大家都很愛戴他。父親也表示：「一定參加鄉長競選」。可是國民黨卻以「他是日野的外甥，是危險人物」表示反對，並指名推薦了一個連國民學校都沒有畢業的人出來競選鄉長。國民黨大概是考慮「沒有文化的人聽話，有學問的知識分子可能會反對國民黨」，所以阻止我父親當選吧。即便如此，父親還是參加了競選活動，在活動中發表自己的觀點。選舉那天，大家都去投票，在自己支持的候選人名單上按手印。

菊池：是按手印投票嗎？

和夫：對，是按手印。當時很多人都不識字，在候選人照片下面寫著名字，支持者就在名字下面按手印。……大家都在問我父親的名字寫在哪裡，因為不識字的人很多，有些上了年紀的老人眼睛花了（當時戴眼鏡的人很少），看不清照片，還有一些人不認識我父親的照片。當時選舉監票的是國民黨，他們就騙選民在他們推薦的候選人的地方按手印。……看到這種情況，父親就以「選舉不公」退出選舉。就這樣，國民黨推薦的候選人當選了。……父親十分生氣，說：「下次我會再出馬競選的，一定要當上鄉長。」可是不久他就病逝了。

菊池：是陳儀（日本戰敗後的臺灣省行政長官兼臺灣警備司令。鎮壓二二八事件。一九五〇年被蔣介石處決）當權時期嗎？

和夫：不是，那個時候沒有民選。那是國民黨剛來臺灣的時候，當時都是「官派」指定的，讓誰當鄉長，誰就當鄉長。林昭光是第一屆民選鄉長。

菊池：民選是從什麼時候開始的？

和夫：一九五一、五二年吧。所以受日野的牽連，林昭光在任期中被捕了。他被關押了三年，可是什麼罪也沒有……國民黨只因林昭光是鄉長，他伯父是政治犯，就認為他是個危險人物，把他關進監獄隔離了起來。他們害怕林昭光得到泰雅族的支持，會影響國民黨執政吧。父親出馬參加競選，因為反對投票舞弊，在投票那天放棄了競選。所以，他發誓要在第二年二月舉行的第二屆民選當上鄉長，但是在選舉半年多前的七月病逝了。……父親生病期間很多人前來探望，鼓勵他說：「振作起來！」「早日恢復健康。我們都支持你！」

二、和夫自身情況

菊池：您當時是怎樣的狀況？

和夫：那時，我七月從新竹初級中學畢業回到家裡，準備考高中。父親去世了，但我還是堅持參加考試，考上高等農業學校。學校九月開學，我休學了一年。父親去世後，母親精神有些恍惚，我不放心她一個人在家，就回到家裡幫著做家務。

菊池：沒能直接上學。

和夫：是的。沒有辦法。那時家裡弟妹多，我只能犧牲一下自己。姐姐在新竹女子高中上二年級，要是中途退學很可惜。姐姐也休學了一年，後來復學畢業了。然後她考上高雄醫學院，這就更需要錢了。所以我第二年、第三年又辦了休學手續。在此期間，我自學參加公務員考試，結果考上了。我想既然考上公務員，就沒有高中復學的必要了。我自己可是看了很多書啊。

菊池：您很聰明啊。或許這就是命吧。

和夫：有時我也在想，如果我上了大學，或許會有不同的人生吧。……那時要幫母親維持家中生活，沒有錢，無法離開家。當時沒有學歷，只要在技術方面肯努力也是可以的。國民學校畢業的人也有很多出人頭地的，只要努力，將來是沒有問題的。我當時是這麼想的。

菊池：自學考上公務員，很了不起啊！是一個很好的人生開端啊！

和夫：你也這樣認為嗎？一次就能考上公務員，現在又能接受日本人菊池先生的採訪，這在臺灣人當中也是不多見的啊。而且還上過很多報紙。不多見。很少。……我要是高中畢業，很可能就當醫生了。當時當醫生是成為國會議員的一條途徑，我要是當了醫生，很可能就成為國會議員了。……但是我不後悔。我認識的人當中也有大學畢業、現在混得還不如我的。我可是沒上過什麼大學的啊。

菊池：在自來水公司，大學畢業生和初中高中畢業的人在任用上有什麼區別嗎？

和夫：我是課長級別。大學畢業的人是我的部下。他們見我是初中畢業的就瞧不起我。大學畢業沒有考上公務員的人，工資比我少，他們很嫉妒我，我沒有輸給他們。的確，要是大學畢業，升遷會很快，但是你考不上公務員也是白搭。自來水公司主任給我看過工資表，我僅次於他，是第二高。不管是大學畢業還是高中畢業的，工資都比我少。主任本人也很吃驚。有什麼可吃驚的呢？我可是十七歲就考上公務員的啊。

菊池：努力學習，又有一定的實力。

和夫：是啊。在公務員考試現場也有很多前來應考的學校校長和高中老師，他們看到我這個穿短褲的毛頭孩子，就問：「你來這裡幹什麼？」我考上了，他們又說：「為什麼你一個小毛孩子考上了呢？」

菊池：上報紙了吧。……現在或許也差不多，當時公務員是一份安定而有人氣的工作，很難考的。……日本戰敗後篠原（自來水公司的同事）從臺灣搭機回日本的時候哭了吧？

和夫：篠原畢業於臺北的高等工專。他父親是高義蘭派出所的主監，我父親當時是副主監。主監當時叫「部長」。

菊池：您父親曾經在許多派出所工作過，能不能具體介紹一下？

和夫：我父親最初是在霞雲當警丁。學習考核及格後，提升到角板山派出所當警員。然後又調到泰耶派出所當警員。到榮華派出所提升為主監。後來到高義蘭派出所當副主監，篠原的父親是主監。這可不是降職啊，是因為高義蘭派出所較大，有幾十個人。像這種地方都是日本人當主監。之後我父親又到玉峰派出所當主監。這個派出所也很大，但因為日本戰敗，日本人都回國了。

自來水公司的篠原和「山胞」有緣，日本戰敗後，他不想回國，他很喜歡角板山，但是他妻子一直催促他：「回日本吧！趕快回去吧！」他妻子罵「山胞」是「骯髒的蕃人」，歧視「山胞」。篠原雖是日本人，卻說「我也是蕃人。我不回日本。我要和蕃人生活在一起。」他也吃醃製的有點發臭的山珍，但他妻子的想法跟他不同。……最後他們還是回日本了。我後來去日本看他們的時候，他妻子一見面就說：「是和夫嗎？長這麼大了。」「離開的時候你好可愛啊，還帶著尿布呢！」好像有點癡呆了。那時他們的兒子都已經高等工專畢業了。那可是剛戰敗的時候啊。回到日本後，他們的兒子從事設計師的工作。

菊池：他們的兒子都畢業於臺北的高等工專嗎？

和夫：對，臺北的高等工專。現在是國立大學了。當時，高等工專的學生大概三分之二是日本人，三分之一是臺灣人。因為只招日本人學生人數會不夠，所以也招優秀的臺灣人。

菊池：有客家和福建出身的本省人嗎？

和夫：有。有個高等工專畢業的人在自來水公司當設計師。是篠原的同學。……技術員不從事行政和業務方面的工作。相反的，外省人幹不了技術和設計方面的工作。外省人只能從事業務工作，因為除了嘴甜、能說會道，什麼都不行。本省人和外省人的習慣差不多，只是外省人比較自以為是……戒嚴時期不許用日語，日語是被禁止的，說日語就會被懷疑。解嚴後，外省人來了，我就說日語，因為他們不懂日語。我用日語罵他們：「支那人」、「支那豬，有什麼了不起。」我在自來水公司上班時，桃園和臺北縣第二區自來水公司就我一個人是「山胞」。不認識我的人用臺灣話叫我「蕃仔」。有宴會什麼的都邀請我，因為「山胞」的事情他們很好奇，而且我的職務也不低。……現在本省人比外省人更歧視人，有時說的話更可氣。他們仍然叫我們「蕃仔」，有時候心情很不愉快。

菊池：自來水公司都有哪些部門？

和夫：組織很龐大。當時自來水公司在全臺灣共有六千多名員工。總公司在臺中，共分十二個區。桃園和臺北是一個區。我不太清楚全臺灣的自來水公司共有多少「山胞」。南部地區我不知道，北部地區只有我一個人。若在鄉級自來水公司，我應該是正式課長，但我是省級待遇，工資相對要高一些。

菊池：自來水公司有多少外省人？

和夫：技術部門中沒有。公司領導、主管以上的人全是些外省人。……在當時還是有一定的歧視差別。人嘛，沒有辦法。……現如今進入了電腦時代，可我又不會電腦。打算盤，我完全沒有問題。當時沒有人會打算盤。我是商業學校畢業的，算盤打得很好。

菊池：從大陸來的人也不會打算盤嗎？

和夫：大陸是打大算盤，很費時間。日本式的小算盤打起來很快。……現在電腦不光能計算，連字都能打，只用按鍵就能打字印刷。人們字也不認識了，文章也不會寫了。我女兒是大學畢業的，看了我寫的東西，竟說：「太難了，很多字都不認得。」「爸爸不管是文件還是申請書都是用手寫，太難認了。」

三、與綠書信來往及結婚

菊池：您是以書信的方式與綠女士結識的吧。當時臺灣的報刊雜誌上也有通信欄之類的專欄嗎？

和夫：有位年長我六歲的朋友曾和日本人通信，是他告訴我的。他好像是在雜誌上知道的。當時年輕人都夢想去海外旅行，想與國外的人交朋友，與他們建立書信往來。朋友寫的信是我幫忙改的日語。

菊池：您幫朋友修改過日語？

和夫：對，修改過。不過我的日語也不是很好。……朋友對我說：「你會日語，也給日本人寫信吧。」於是我就拜託朋友的筆友予以介紹。之後，我朋友的書信來往中斷了，可是綠寫給我的信卻來了。信中說：「我和印度尼西亞人也有書信聯繫，但是我不太會用英語寫信，有些難。和會日語的人通信，要方便一些。」我回信後，綠寫來了第二封信，作了自我介紹：「我現在上高中二年級。請多關照！」還附有一張照片，身著白上衣黑裙子。照片上的綠長得胖嘟嘟的。我也寄去了身著軍裝的照片。照得很帥，很像「裕次郎」。……穿著軍裝，戴著軍帽，綠還以為我是職業軍人呢。

菊池：日本沒有徵兵制，一般人不太了解。

和夫：穿這種制服的在日本是自衛隊吧。以前的日本軍人也穿吧。綠在來信中寫道：「你是幹什麼工作的？是軍人嗎？」於是我寫信向她說明，在臺灣，年輕人成年後都必須接受軍事教育，服兩年義務兵役，然後才能再回家工作。……對了！我們還互相寄送禮物。綠在給我寄第一封信時，還寄來了日本人偶，是穿著和服的小偶人。我給她寄去的是臺灣的點心鳳梨乾和香蕉片。

菊池：當時，沒有食品檢疫問題嗎？乾貨食品不受限制嗎？

和夫：沒問題。我還寄過木瓜片呢。綠也給我寄過日本點心。

菊池：當時臺灣處於戒嚴狀態，海外通信都要開封檢查，非常嚴格，不是嗎？

和夫：是的。臺灣內部沒有問題，海外通信，特別是日本來往信件是要接受警總人員檢查的。要拆封查看，特別是寄往日本的信，派駐郵局的警總人員必須一一檢查信件內容。

菊池：從日本來的信呢？

和夫：我想應該也要檢查吧，這個我不太清楚。從臺灣寄出去的信必須接受警總的檢查，檢查是否涉及國家機密。檢查後判斷是不是有問題。這個我是知道的。

菊池：你們通信時不太談論政治話題吧。

和夫：是的。被盯上就麻煩了。你要是寫「日本統治時期我覺得很好。現在不如日本統治時期」之類的話，那可就麻煩了。要是寫「現在臺灣和日本統治時期不一樣了，非常的自由和平」，檢查的人肯定會非常高興，一看就會說：「這個沒問題。」

菊池：檢查人員看得懂日語嗎？

和夫：當時我是用日語寫的，但是用的漢字很多，大體意思還是能看懂的。……從日本來的信，平假名用得多，漢字用得少。如果漢字用得多，大致上也能看懂。我與綠通信主要是想學習日語，所以最初並沒有想與對方戀愛結婚的念頭。……每個週末我都會寫信，但是退伍回家後工作很忙，持續了一兩年的書信聯繫也就中斷了。……之後，我家房子蓋好了，時間也有餘裕了，於是又恢復了和綠的通信聯繫。「久疏問候。已有兩年沒有書信聯繫了，想必你已經高中畢業了吧。工作了嗎？想繼續與你保持書信來往，不知你結婚了沒有？」不久就接到綠的回信：「我還沒有結婚。高中畢業後在一家公司工作。」

菊池：綠女士當時在什麼公司工作？

和夫：紡織公司。綠高中畢業後並沒有馬上工作，先在家政學院上學兩年，學習編織、插花、茶道等，為出嫁做準備。在那裡畢業後才進公司工作的。……就這樣，綠已經二十五歲了。在以前，這已經到了該談婚論嫁的年齡了。於是她來信問我：「你已是三十歲的人了，也該結婚了吧。你的結婚條件是什麼？」……我就寫信回答說：「想找一個全職太太。」

菊池：就是家庭主婦吧。

和夫：對。我也回信問她：「你的結婚條件是什麼？」綠給我的回覆是，「我的條件是在家裡。我喜歡濛濛細雨的天氣。下雨不出門，一直在家守著。」綠就是這樣的傳統。她們家怎麼說呢，有些傳統封建吧。她是在這樣的傳統家庭中長大的。岡山縣是農村，但她父親畢業於師範學校。她母親也是高中畢業，他們家的人都是高中以上畢業的。以前高中以上畢業的人可是不多啊。女兒嫁人也不讓她嫁到遠處去。

菊池：當時日本有這樣想法的人不少。

和夫：離開岡山縣都不行。綠的父親從事農業，有土地，也有錢。田地租給別人種。我岳父老愛打小算盤，說：「比起當學校老師，租地收息更合算。」綠說過，小時候父親就讓她去收過利息。

菊池：大地主出租農田。綠的兄弟姐妹中沒有進學校當老師的嗎？

和夫：一個也沒有。都是財主。後來，那些土地成了高爾夫球場。有很多很多的錢。所以沒有進公司上班的必要。放債收益更快。

菊池：您岳父對於綠嫁到臺灣抱持什麼態度？

和夫：他當然會堅決反對了。……不過我們在書信中談論結婚條件時，他已經過世了。如果他還活著，肯定會來信說：「絕對不許結婚。」我岳父很封建，傳統舊思想很嚴重，要是他在世，或許就沒有這段婚姻了，何況還要離開岡山縣。

菊池：而且是到國外。

和夫：當時結婚對象不是由女兒自己選，而是由父親選吧。綠打破了這個做法。我岳母的思想稍微開放一些。她說：「出嫁後要善待婆婆。」也就是要綠善待我的母親。我和綠經過近一年的書信戀愛，最後決定兩人結婚成家。那時她已經二十五歲了，來臺灣時都二十六歲了。她來信說：「雖然家人都反對，我會努力說服他們的。我要去的地方，我自己決定。我的態度一點都沒有變。」綠真是太厲害了。非常堅定。誰反對都沒用。

菊池：太了不起了。

和夫：綠在來臺灣之前，把家裡的東西都整理好了。我們決定結婚一年後她就來了。那是民國五十七年，來的那天正好是我的生日。她家裡人都反對這門婚事，所以一分錢也沒有給她。只有她自己工作攢的錢。沒有零花錢她覺得不放心。那時的飛機票可貴了。

菊池：是啊。一美金兌換三百六十日圓的時代。

和夫：綠第一次（一九六八年）來臺灣是和她姐夫的妹妹以及安部老師一起來的。第二次（一九六九年）是和她姐夫與安部老師來的。是我給他們買的往返票。

菊池：是往返機票嗎？

和夫：對。都是我買的。錢不夠，我就把地賣了。結婚時我在自來水公司的月薪是兩千元左右。一張往返機票相當於我四個月的工資。三個人搭機來，那可是個不小的數目啊。

菊池：綠女士的母親因為反對所以沒有來嗎？

和夫：那時我岳母已經不反對了。綠對她說：「我去結婚了。」她說：「多保重。」但綠的姐夫反對，上了飛機還在勸綠：「不要結婚。」「到臺灣後，要拒絕這門親事。」綠拒絕：「我已經決定了。」……（綠的姊夫）人都來了，也參加了結婚典禮，可態度很是傲慢無禮，真有點讓人受不了。我是從綠那裡知道的，只是一直佯裝不知。

菊池：她姐夫為什麼要反對？

和夫：他反對的理由主要是擔心中國和臺灣會發生戰爭。加上離日本又遠，所以堅決反對。來到這裡，他看到日語能通，也沒有什麼不方便的，加上我母親也會說日語，態度也就改變了一些。

菊池：綠女士的姐夫能來角板山嗎？

和夫：那是第二次來，已經申請批准了。

菊池：綠女士是和安部老師一起來的嗎？

和夫：對。安部老師一直默默跟在後面。遇上颱風是第二次來的時候。結婚典禮是在角板山舉行的。去大溪的路不通了。路都被沖毀了，車不通了。沒辦法只能坐船。船上裝了很多木頭，很危險。他們在途中下船走過來的，別提有多艱難了。我想去接他們，但是沒來得及。路被大水沖毀了，不通了。他們自己就在大溪找了一家旅館住下。我和母親一起去大溪迎接，先是坐船，然後坐公車，才到大溪的旅館。

菊池：你們是怎麼聯絡的？

和夫：我們借了警察的電話。國際電話要到臺北的郵局才能打。……那天是結婚典禮，結婚請柬都發了，但是客人無法來，我的親戚也來不了。路斷了，交通不通了啊！我想這下可糟了，預定二十五桌兩百多人的酒席可怎麼辦啊。……沒想到，結婚典禮一開始，酒席坐得滿滿的。當地人拿著結婚紅帖都來了。他們都是想來看日本新娘子的。要是天氣好的話，酒席就坐不下了。因為還有好多親戚朋友都沒能來。他們要是也來了，肯定坐不下的。

菊池：安部老師也出席了嗎？

和夫：安部老師和綠的姐夫都參加了。三個人來，在我家住了一個晚上。早上起來院子就塌了。綠的姐夫起來嚇了一跳，大喊：「我們日本人怎麼能住在這種地方！」院子前面的鋼筋都露出來了，他黑著臉說：「趕緊運土填起來。快，幹活！」我也被這狂風暴雨嚇得不輕。我和弟弟趕緊運土把院子填平了。……院子前面就是懸崖。從下面把土一點一點結結實實地填起來，填得相當結實，怕再被沖毀了。後來院子成了停車場。現在這裡可是角板山最方便的地方。

菊池：在懸崖上用鋼筋埋上土當停車場不危險嗎？

和夫：沒問題。後來就沒有被沖毀過。……不過當時可真夠嚇人的。

菊池：您多次提到安部老師，她是什麼人？和綠女士是什麼關係？

和夫：安部老師以前去過滿洲，在學校教過書。綠的姐姐是安部老師的主治醫生。安部老師沒有孩子，她的弟弟以前好像是日本憲兵，被派到滿洲。安部老師也跟著到滿洲的學校當了老師。……日本人雖然找了很多藉口，但「滿洲國」是日本從中國竊取的國家，你說對吧。

菊池：您說得很對。可以這麼說。

和夫：我也這麼想。從那裡來的人都會說日語。和綠書信來往時，我就毫不隱瞞地告訴她我是泰雅族。但當時說是泰雅族，她也不知道是怎麼回事，都是人，很少考慮到這些。……我是公務員，綠也可以安定放心地生活。我們家附近有中學也有國民小學，有郵局也有電信局，離平地也不是太遠，綠還是挺滿意的，說：「這裡還算方便吧。」

菊池：當時還是不太方便吧。

和夫：結婚的時候已經沒有什麼不方便了。公車什麼的都有。和我十歲左右的時候大不相同了。有了孩子可以（在這裡）上到中學。……再加上我是公務員。……綠曾說過「基本上符合她的理想。」……綠是個好女人，她堅強得有些令人吃驚。她從日本農村來到臺灣很不容易，很有勇氣。她家人都反對，但她的意志非常頑強。綠說：「我在臺灣一定努力做出個樣子來給他們看看。」她還說：「我姐姐儘管很有錢，但她哪裡也去不了。也沒有去過外國。一直在家的附近。大姐和二姐都嫁給了好人家，但都只能守在家裡。丈夫死了，連國外都沒有去過。我去過外國，美國也去過。我旅行過很多地方。跟我的兩個姐姐相比，我要幸福得多。」這是真的。她的嫂子們從不出門旅遊，連東京都很少去。緣在這裡的生活從來沒有為難過。

菊池：臺灣的政權不斷交替，您父親對此有什麼看法？

和夫：我父親常說：「時代在變」、「與時共進」、「莫談國事」、「順應政治」，他是認同新政權的。我父親對我說：「少說廢話」。[1]

本章註

1 據《臺灣原住民史——泰雅族篇》（國史館臺灣文獻館，二〇〇二年，第一六五頁）記載，和夫的父親——新竹州角板山青年會分班長泉民雄——在一九三五年發表的〈我們青年的使命〉一文中寫道：「我們因為沒有盡到日本國民最高榮譽的兵役義務、納稅義務、教育義務，所以不能說是堂堂正正的國民」。據和夫介紹，泉民雄無論在日本統治時期還是在中華民國時期都頭腦清晰，經過不懈努力，成為「警察主監」。也就是說，他認為即使是政權交替，要肯努力、有能力，在國家同化上是不存在矛盾的。

第三章
綠的生活——父母、戒嚴下的臺灣、和夫、公婆、女兒

開篇

本章訪談不是專門採訪記錄，是根據會面閒暇時與綠女士的交談，以及綠女士前來中壢站迎接我時一起乘車的談話，加上電話詢問和事實確認時所做的筆記等內容整理而成。主要時間為二〇一〇年三月二十二日、二〇一一年三月二十五日、二〇一二年三月二十七日、二〇一五年三月二十二日等。

綠女士在談到自己的情況時常用自己的名字「綠」來自稱，而不是用「我」，給人一種天真爛漫純真無邪的感覺。她這一性格是怎樣形成的呢？當年國際結婚是一件大事，她與臺灣泰雅族和夫結婚的勇氣和魄力又是從何而來的呢？她那爽朗性格的形成

需要從她的父母、生活環境、自身成長以及當時的日本環境來探尋。她與和夫結婚時的臺灣政治環境又是如何呢？她克服異文化摩擦，或曰順應環境變化，開朗且堅強地生活著。從中也可以看到對和夫的信賴和對公婆的敬愛。她那坦誠的言談話語不僅可以引發許多思考，也可以生動地瞭解到當時日本和臺灣的政治及其歷史。

一、緑及其家庭

我娘家是赤磐郡（現在的岡山縣赤磐市赤坂）名門地主佐佐木家族，代代都是女氏家族，我父親是第三代或第四代的入贅女婿。母親的姐姐是裁縫學校的老師，也會彈古箏和三味線。戰爭疏散時，我母親兄弟姐妹三家人都回到岡山老家。

我父親性格嚴厲。畢業於大阪的師範學校（好像是平野師範學校。即現在的大阪教育大學），當過幾年的小學老師。父親的教育方針是不許孩子帶錢，要買東西時就告訴他，由他來買。父親有點潔癖，西裝要穿得筆挺，鞋要一塵不染油光錚亮。因為小學老師薪水低，他也做一些生意。父親叫佐佐木鐘美，除經營一家商號為「金田丸」的雜貨服裝店「喜久屋」外，還做金融生意。有些人拿蔬菜來抵利息。還有人做好早飯就把鍋拿到當鋪當錢，然後出去打工幹活，到傍晚再把鍋贖回去。當時日本就是這麼窮。

我們家父親主外賺錢，母親主內，除家務外還要打理一些下人的事情。我是父親四十二歲時出生的，所以他特別疼愛我，但也讓我幫著去收利息。父親的經濟觀念特別強，常對我說「算盤和算數要認真學」。當時糧食困難，全家出動去地裡種地瓜，收地瓜時也是全家人一起幹。地瓜收成特別好，每年都要儲存一些。吃的時候也有講究，要從陳的開始吃，先吃前一年儲存下來的。我們家住在岡山縣的農村，戰爭疏散時我們去了更偏僻的鄉下，只有父親一個人留下來繼續工作。在我上中學一年級的時候，父親說自己很累，不久就去世了（死因大概是心臟衰竭吧）。

我有二個哥哥和二個姐姐。一個哥哥年幼時夭折了。大哥高中畢業後就開始工作，可是二十三歲那年也去世了。所以我們家看上去好像只有我們姊妹三人似的。大姐從事婚前家庭主婦技藝學習，二姐人長得漂亮，在大型百貨商場當時裝模特（**照片十七**）。

照片17
在日本岡山縣綠與母親、姐姐的合影。中間者為少女時代的綠（綠提供）

我母親古箏彈得非常好，可是小時候母親嫌我小從不讓我碰她的古箏，結果我沒能學習彈古箏。但是我生性好動，就學跳芭蕾，從小學四年級學到六年級。我還學過彈鋼琴。別看我身材矮小，體育課，跳箱、個人體操、平衡木等我都很拿手。身體活動、體育運動都很喜歡。

我與和夫是通過書信來往結識的。當時日本有筆友俱樂部，可以介紹海外筆友。大家都希望與美國人、英國人進行書信來往，可我對蘇卡諾的印度尼西亞特別感興趣，所以與印度尼西亞人建立了英文書信來往。至今我還保留著許多從印度尼西亞來的信函。與和夫不是通過筆友俱樂部，是經朋友介紹開始通信的。

我們姊妹中只有我一個人進一般公司工作過，是親戚介紹的。公司裡有很多從九州等地來的集體就職的中學畢業生，這樣我在公司裡就成了可以依賴的大姐姐，發揮起指導作用。我們是一家專門製作「學校老虎兒島」〔スクール・タイガー児島〕牌男生校服的大公司。具體數字記不清了，大概有一、二百人吧。除了男生校服，後來還生產牛仔褲等。公司在岡山縣的兒島，現在被倉敷市的一家公司兼併了。因為我有駕駛執照會開汽車，備受公司重視，讓我去開車送貨什麼的。那時候有駕照的人還很少，很多人都是無照駕駛。當時的警察也是睜一隻眼閉一隻眼，管得也不是特別嚴。因為公司靠近海邊，週日、或節假休息日常去海邊游泳。

我母親為我父親在外拈花惹草吃了不少苦頭，小時候我不太知道這些，只知道他們常常吵架。我母親在我和和夫結婚問題上並不在意是不是臺灣人，擔心的是在女人問題上人是否專一可靠。當時國際結婚什麼的還不多見，朋友們都勸我「還是小心點為妙」。但我的信念是「本人的意志最為重要」，認為「失敗了還可以再從頭開始」。當時愛管閒事的人很多，相親介紹的很多，公司同事之間結婚的也大有人在。這種日本社會風氣我很不喜歡。

在決定是否結婚上，我猶豫過一段時間。我是個一旦決定就不回頭，自立性很強的人。我的性格是不怕失敗，只要不連累別人，不給人添亂，自己做主我行我素。這可能與父親去世早，和姐姐們年齡相差較大有一定的關係吧。此外，我個人也富有挑戰精神，好奇心較強。與和夫結婚，我母親是同意的，只是周圍的人說：「你父親要是健在的話，肯定會強烈反對的」。我也覺得會是這樣的。

二、新婚時戒嚴下的臺灣政治狀況

我在臺灣已經生活了半個多世紀了。……結婚前，在我二十五歲時已與和夫書信往來了十年。那時寫的信有一座小山那樣高，至今還一直保存著。信在郵局都要開封檢查，所以信中我們都不觸及政治問題。……我剛來臺灣時，語言完全不通。過了一段時間，會說隻字片語的北京話了。

剛結婚的時候，臺灣處於戒嚴時期，十分可怕。有一種隔牆有耳的感覺，不敢多說半句閒話。臺灣政情極其嚴厲，稍有批判國民黨政權、發洩不滿的言行那可不得了。一天，有個人說溜了嘴，當天晚上憲兵就來把人押走了。這可是真實的事啊。有許多人押走了就再也沒有回來。僥倖回來的人也變得精神失常了。告密是可以拿到賞金的。受國民黨指使，為了賺錢而告密的人也有。所以也有一些人因無事生非的瞎告密，無辜被捕。結婚後，我們家就有過好幾次警察來巡查。只因和夫在自來水公司當公務員，認識許多外省人，他的脾氣性格大家也都知道，所以沒有人告他的密罷了。現在回想起來，還是感到有些不寒而慄的。剛結婚的時候，真是一個恐怖的時代啊。

戰後和「高砂族」（臺灣原住民）結婚的日本人，我好像是第一個，所以備受注目。舉行結婚典禮時，三民村那邊設了關卡禁止普通車輛通行。講談社和《女性自身》周刊的記者是換乘外交部準備的車才來到這裡的。他們在和夫家門前等我們，扔了一地的菸蒂。當時警察什麼都要盤問。出版社的人和記者要是亂說一通，可是要出大事的。當然也怕有人瞎告密。考慮到這些，就沒有接受他們的採訪。當時就是一個這樣的年代。……為了避免情治人員背後使壞，我還把那人喜歡的日本製造的小型錄音機送給他，可以裝進衣服口袋的那一種。當時臺灣還買不到這種東西，所以那人可高興了。日本製造的東西很受歡迎。這是他索要的禮物，也許用在搜集情報的工作上了吧。反正我當時的心情很不好受。

在孩子出生前，家裡三口人（婆婆、和夫和我）的飯都是我來做。附近的人經常一早就三三兩兩地來家裡玩。和夫說都是來看我的，但每次飯都要多做一些，因為不請他們一起吃不行。……臺灣人講究吃喝，要花很多錢。據說要是把這些吃喝的錢集中起來，建條高速公路都綽綽有餘。

婚後，我結識了一些嫁來臺灣的日本妻子。她們都是和本省人結婚，歲數都比我大一些。當時我二十五歲算最年輕，她們都很照顧我，教我這、教我那什麼的。能和她們用日語交談使我在精神上輕鬆了許多。但是自從孩子出生後就與她們疏遠了。

和夫認識很多日本公司的經營者和職員，我們經常帶他們一起爬山踏青。也不搭帳篷，就在野地裡露宿過夜。在山裡就地弄些野味做著吃，日本人都很喜歡。……上山時帶著氰化鉀。現在隨便販賣和隨身攜帶氰化鉀當然不行了，可當時並不稀奇，很容易買到。氰化鉀是捕魚時用的。從溪流上游撒上點氰化鉀，可以捕到很多白點鮭，吃都吃不完。吃不了的魚就用鹽醃起來。用氰化鉀毒死的魚是可以吃的，只要馬上把魚鰓處理掉，是完全沒有問題的。[1]

有一次，一起去山裡的日本人手被蛇咬了，和夫迅速用刀把被咬的地方切開放血後，又用繃帶包紮起來。在山裡，救護車一時上不來。等救護車到了，人已經脫離危險。被蛇咬若急救不及時會死人的。受傷的那個日本人以前曾把蛇放在瓶子裡玩過，我覺得他是得罪了神，遭到了報應。

以前菊池先生曾問過我關於異文化摩擦的問題，是不是屬於異文化摩擦我不太清楚，山裡很多年輕姑娘羨慕都會生活，去臺北等都會的夜店陪酒，我感到很震驚。還有男女雙方雖然都已有家室卻還公然保持不正當的男女關係，我覺得太不像話了。

三、公公婆婆（和夫的父母）和女兒

我公公泉民雄曾在臺灣一中（現在的建國中學）上學，和日本人一起學習。當過警察署長。當時警察是個很好的職業，就是調動較為頻繁。後來還當過新竹州的參議員（相當於後來的縣議員）、財政科長等要職，因為生病，四十四歲就去世了。他很優秀，日語說得很好。聽說只是喝醉的時候會變得面目猙獰，非常可怕。他有泰雅族的名字，不過人們都喜歡叫他的日本名「泉先生」。……很可惜，我沒有見過他。[2]

兄弟姐妹中，和夫的學歷最低。他人還是蠻優秀的，曾就讀於新竹中學，只因父親去世，好像沒能畢業。和夫他們新竹中學生是必須寄宿、住學生宿舍的。烏來的「山田」先生也是新竹中學的學生，當時都已經二十八歲了。「山田」先生曾參加過高砂義勇隊，我還和和夫商量著要把他介紹給菊池先生呢，可是沒想到他二〇〇九年去世了。說是中學生，實際上年齡差別很大。和夫是就學年齡入學的，在學生宿舍裡，他年齡最小。大家看他還是個孩子，就欺負他，搶他的東西吃。這不是民族歧視，只因孩子們小，不懂事。臺灣人和「高砂族」的孩子不住在一起。

公公去世後，和夫一家人就被趕出機關宿舍，沒辦法只好搬到一間破舊漏雨的小房子。房子附近的半山腰有座小廟，但是當時還沒有路。他們家兄弟姐妹多，和夫只能睡在最靠邊的破地方，鋪稻草睡在地上。和夫也從中學退學。參加公務員考試的人很多，年齡懸殊大，錄取率低，很難考。和夫十七歲就通過國家考試，錄取為公務員，被分配到自來水公司工作。菊池先生睡的那棟房子，就是在當年房子的基礎上改建的。現在已經成為鋼筋水泥的三層建築。這裡出門就有公車站，非常方便，是角板山最方便的地方之一。許多人都想買，但和夫不想賣，因為那裡有和夫太多太多的回憶了……。

我婆婆原名叫碧穗・瓦旦（ピスイ・ワタン），三十八歲就開始守寡，很辛苦。她有八個孩子，當時最大的女兒上新竹女子中學，最小的孩子只有三個月，孩子之間的年紀相差兩歲左右。婆婆廢寢忘食地幹活，家裡雖有水田，但孩子們都還太小，無法耕種。婆婆沒上過學，為了撫養孩子每天拚命地幹活，一般人是很難做到的。她進山砍柴，養豬、種地瓜拿出去賣，為了給孩子交學費。孩子中有成為醫生的，也有當了公務員的，八個孩子都長大成人了。她在七十多歲時被桃園縣授予「模範母親」的稱號，獲得三千元的獎金。能獲得這樣的榮譽很不容易。婆婆去世時不到八十歲。

菊池先生，你問我「和婆婆有沒有產生過矛盾、發生過口角什麼的？」連這樣的家庭瑣事也要說嗎？你說的「異文化摩擦」是沒有的。婆婆個性很強，心直口快，因此免不了也會發生一些婆媳之間的不愉快，這很正常。那樣的環境，又要撫養八個孩子，不可能個性不強。……婆婆一直想要個孫子。我懷第二個孩子的時候原以為是個男的，但還是生了個女兒。這是可遇不可求的事情，著急也沒用，有兩個女兒已經很好了。……戰敗日本人被迫回國時，什麼鏡子呀、櫃子呀帶不走，就把這些東西給了我婆婆。鏡子很漂亮，婆婆送給了我。婆婆教我做飯，教我做各種各樣的麻糬，還有其他的菜。她人很好，給了我很大的勇氣。我三十多歲開始去一家日立的關係企業工作，當然不完全只是為了生活。

我在日立關係企業工作了二十年。企業經理是臺灣人，有一百多名員工，我是個班長。員工大多是臺灣人，也有部分菲律賓人、印尼人。這家企業是專門生產各種擴音喇叭的工廠，採用三班二十四小時生產制，早班從早上八點到下午五點，中班從下午五點到晚上十二點，晚班從晚上十二點到早上八點。我只上早班。夫婦可以輪流上班，比如一個上早班，一個上中班，這樣可以拿到雙倍的工資。為什麼不一起上班呢？因為這樣夫妻倆可以輪流照顧孩子，很方便。菲律賓人和印尼人拿了工資就去喝酒什麼的，好像不太存錢。為了避免他們在外惹是生非、警察來找麻煩，雖說不上是管理，但我對他們是較為注意的。常有些日本客戶來工廠，如日立及相關企業的人員，我經常當他們的翻譯，陪同他們參觀。直到日本經濟衰退後，工廠為了廉價的勞動力去中國大陸建廠，關閉了臺灣的工廠。就這樣，我從工廠辭職了。

我一直是日本國籍，大女兒也是。這樣很方便。大女兒一直想到日本上大學。她先去日語學校學習，後又考入了神奈川縣的一所大學，學習日語和英語，取得日語檢定考試一級的資格證書。大學畢業後，她就在日本一家建築公司任職，後來回臺灣結婚，現在在一家航空食品公司工作，主要負責供應日本航空機內的用餐，工作很努力。

本章註

1 雖然不是用氰化鉀，這種投毒捕魚的方法是泰雅族的傳統捕魚方式。角板山作家雲峰在一篇題名為〈毒流し〉的報導中就曾對此有所描述。其大致內容如下：

今天「歸順蕃」在河中投毒捕魚。三百多名穿著盛裝的男女老少聚集在一起，在「土目」的指揮下各自拿著魚叉、漁網、鍋，還有裝著米和鹽的口袋等。大料崁溪的上游有二丁來寬，兩岸奇巖怪石聳立，河淺水清。據說溪中生息著許多小香魚。捕魚的漁場約有一里來長，最上游有十四、五個年輕人在往溪裡投毒。毒物是一種有些像野藤的植物，用石頭砸爛其根幹會流出白色的毒汁，若大量飲食可以致死人命。下游有五百餘人，小香魚、鯉魚等像喝醉了似的順流而下，人們紛紛撈起來放進魚簍裡。下午二時左右，各部落分組集合，蕃丁們在稍高的地方搭起茅草棚，「土目」及其家人進到裡面。他們把抓到的魚拿出來，用小蕃刀取出魚的內臟，然後用鹽醃起來。大人們開鍋煮飯，孩子們在四周打鬧玩耍，不時傳來嗶嗶啼啼的口笛聲（泰雅族用嘴吹奏的樂器）。他們圍坐在鍋邊，用手抓飯吃。飯後，「土目」和副「土目」把捕獲物按家庭人數分給大家。一人平均可以得到五、六公斤左右（雲峰，〈角板山毒流し〉，《臺灣日日新報》，一九一〇年七月十七日）。

2 根據綠女士所提供的資料，和夫的父親泉民雄（中國名陳祥隆）曾任新竹州警所部長（相當於現在的派出所所長），後成為新竹州官派參議員（現在的縣議員）。之後歷任復興鄉供銷會經理、鄉公所建設、財務科科長等職。

第二部

對角板山泰雅族的訪談
——以「白色恐怖」等為中心

背景

有關「白色恐怖」

對於國民黨政權鎮壓臺灣民眾的二二八事件之調查、追查、研究已相當有進展[1]，臺北新公園在一九九六年已改名為二二八和平紀念公園。眾所皆知，公園內還設立了二二八紀念館，展示了被國民黨所虐殺人們的照片以及簡歷、信件、遺書、遺物、當時的報紙與照片、事件的經過與結果，以及陳儀的廣播等，內容極為充實。話雖如此，但有關二二八事件所延續的一九五〇年代「白色恐怖」正式的調查仍尚嫌緩慢，應釐清的問題堆積如山[2]，更何況對於原住民遭受「白色恐怖」的未解之處可說是太多了。

在此，我想要先針對「白色恐怖」的背景以及實際情況進行說明。

一九五〇年代「白色恐怖」的前兆是由二二八事件後的一九四八年開始，真正發生是在一九五〇年六月韓戰爆發以後，由美國反共戰略發展而來的「反共恐怖」形態。眾所皆知，一九四九年十月，國民政府完全失去了在中國大陸的根基，敗退至臺灣，在這樣的背景下，國民政府雖高唱著「光復大陸」與「反攻大陸」等口號，但實質上是不可能實現的。因此，為了維持國民黨一黨獨裁的長期政權，對於共產主義者、民主派、反對者、獨立派，以及有可能成為統治障礙者，實施長期並且大範圍徹底的無差別整肅。受到二二八事件驚嚇，在大陸完全喪失自信，陷於失信於民窘境的國民黨政權，採取了高壓統治的手段，這也就是所謂五〇年代的「白色恐怖」。由於此高壓政策，街上佈滿了宣傳口號，比方說，電影院在正片開始前會放映出「通匪者死」、「匪諜就在你身邊」等文字。更有甚者，在車站等處源源不絕地貼出被槍決的「匪諜」之姓名、年齡、籍貫等資訊。

「白色恐怖」的執行機關為警察、憲兵、特務等，濫用官憲權力，無視法律程序。比方說，不出示拘票、不限制審訊時間、監禁於各地的秘密監獄。其對象範圍涉及教育與文化相關人士、公務員、軍人、少數民族、華僑等。軍事法庭沒有起訴書與辯護律師，也沒有旁聽者，也無法上訴。至五〇年代中期軍事法庭雖稍有改善，但由於當時的社會氛圍，一般的律師對於辯護是忌諱的。而有幸免於死刑者，被送往國防部軍人監獄，其分支機構中，最有名的是採取集中營方式的「綠島新生訓導處」（筆者曾於一九九九年前往綠島，是座波濤洶湧、與世隔絕的孤島）。雖因統計數字不完整而有各種數據，但全臺灣在五〇年代的五年間至少有三千至五千人遭到殺害，八千人以上被判刑，刑期從十年以上至無期徒刑[3]，以「防範共匪」為名，製造了非常多的冤獄案件。

根據林書揚的著述，此時期白色恐怖的特徵有①政治、經濟、社會、文化乃至精神生活之全面統制、②軍統（「藍衣社」）、中統（CC派）等特務機關進行相互監視競爭、③軍方也不例外，總司令部運用「戰時軍律」來裁決軍方內部的「不穩分子」、④多重的情報治安、特務系統原則上雖歸屬於「動員戡亂時期國家安全會議」，但其指揮實權掌握在蔣介石一人手上。[4]在民政、警政方面則設立警民協會、民眾服務站，由民眾進行相互監視，強化了由社會基層為始的統制。

那麼，林昭明事件又是什麼樣的定位呢？重大案件有（一）「中共中央社會部臺灣工作站案」、（二）「蘇聯國家政治保安部潛臺間諜案」、（三）「臺灣省工作委員組織案」之三大案。林昭明案件是以與（三）連動的方式被處理。（三）的主要案件有：①「基隆中學《光明報》案」、②「高雄工作委員會案」、③「臺灣省工作委員會案」、④「臺北市工作委員會案」、⑤「臺灣郵電總支部案」、⑥「臺中地區工作委員會案」、⑦「臺灣民主自治同盟中部武裝組織案」、⑧「臺灣民主自治同盟臺中地區組織案」、以及與林昭明相關的⑨「山地工作委員會案」。[5]

在此，我想先聚焦於連坐至林昭明的「山地工作委員會案」（一九五〇年四月二十五日）。「山地工作委員會」為「臺灣省工作委員會」的下部組織，首先由接受中共中央命令回到臺灣的中共黨員蔡孝乾設立了臺灣省工作委員會，這是為了「愛國愛鄉民主自治統一戰線」廣泛的組織化，而將「高山族工作強化」作為重點工作之一，目標為「高山族同胞與臺灣同胞的聯合共同鬥爭」。此基本政策，與（一）發起「高山族」的自治自衛運動，完成其民族解放。（二）讓「高山族」的自治與自衛，能密切地呼應臺灣人民的「反對國民黨」、「反對美國帝國主義」之鬥爭。而具體的工作為①吸收「高山族」的頭目、鄉長、村長、②吸收「高山族」的知識分子，特別是鄉公所的合作社職員、學校老師、警員、鄉民代表等，以及③吸收在山地工作的「平地人」，同時透過他們取得山地鄉政機關。為了實現此目標，一九四九年十月，設立了全臺灣性的「山地工作委員會」（書記為日本殖民地時代擔任農民運動指導者的原臺灣共產黨員簡吉），外圍團體有高山族的（一）「蓬萊民族解放委員會」（舊稱「高砂族自治委員會」，主席兼政治工作負責人為林昭明的伯父林瑞昌〔樂信・瓦旦（ロシン・ワタン）〕，委員湯守仁為軍事工作負責人）與（二）蓬萊民族自救鬥爭青年同盟」。結果，以一九五〇年四月二十五日簡吉被逮捕為始至七月十日為止陸續被逮捕，到了一九五二年八月十六日，林昭明被保密局認定有「匪諜嫌疑」，遭到桃園縣警察局的秘密逮捕。因此「山地工作委員會」被處死刑者有簡吉（四十八歲）、林瑞昌（五十四歲），自首的有湯守仁（二十一歲）等十六人。[6]「蓬萊民族解放委員會」與「蓬萊民族自救鬥爭青年同盟」被認為是中共系統「山地工作委員會」的外圍團體，受到嚴厲判決。但是，正如林昭明本人回憶所明確否定的那樣，雖然有所接觸，但兩者是與中共沒有關係的獨立組織可能性很高。

接下來看看政治犯的釋放情況與之後的情況，一九七二年，在「中華民國建國六十年大典」之際作為「恩典」而第一次進行釋放，但在數千名政治犯中僅有數十名獲釋。第二次在一九七五年蔣介石辭世之際，因為減刑而釋放了數百名。一九五〇年「懲治叛亂條例」發布以後，有兩次的特赦。一九八四年十二月，因五〇年代白色恐怖而被判無期徒刑的兩人，在相隔三十四年七個月後獲得釋放，有關政治犯的釋放問題暫且畫下了句號。一九八八年組成了「臺灣地區政治受難人互助會」（以下稱受難人互助會），提出「促進中國統一、臺灣自治、實現民主自由」，以此為契機，政治犯團體相繼組織化，而且政治犯也開始參加各種團體、社會運動、勞工運動，同時開始以座談會與雜誌的方式發表「五〇年代白色恐怖的真相」。一九九三年五月，於臺北六張犁公墓發現了五〇年代「白色恐怖」受難者之墳墓兩百座（其後增加至一千座以上），受難人互助會馬上發表了「記取白色恐怖的歷史教訓，讓白色恐怖不要再現」之聲明，與此同時，也要求國民政府當局公開政治案件處理檔案、死刑紀錄、埋葬地點等資訊，以及對於冤獄等的救濟與賠償。一九九七年三月，由各黨派立法委員八人提案，於「戒嚴時期不當審判補償條例草案」加入對於政治犯的救濟與補償條款，一九九八年一月於立法院國防委員會，進行了縮小補償範圍的修正，五月由行政院公布。[7]

受此潮流影響的，雖然僅限於臺北地區且存在著一定的侷限，臺北市文獻會也出版了《五〇年代白色恐怖——臺北地區案件調查與研究》（一九九八年四月），其〈市長序〉稱，對於國民政府至今仍無調查與撫慰不能坐視不管，為了將來，臺北市政府將繼續進行真相的追究。此外，在同書的〈主任委員序〉則採取二二八事件與「白色恐怖」為文化衝突所導致的見解，提到「腐敗官僚文化」在大陸被唾棄，而臺灣也被捲入，當時的政權採取了高壓政策。再者，前總統李登輝也從人權的觀點出發，贊同於綠島建立「白色恐怖受害者」紀念碑[8]。此外，也有呼聲表示綠島的政治犯監獄（現在被稱作「綠洲山莊」）不應只是改造成一般刑事監獄，為了不忘「白色恐怖」的教訓，應予以保存。臺灣的政治環境開始有急速的進展，也預示了重視人權的潮流，而有關「白色恐怖」正式的真相追究、賠償問題也迅速浮現。

編案：自二〇一七年本書日文版出版後至今，「白色恐怖」相關研究已有諸多發展，此不贅言。

本章註

1 有關二二八事件，已不再是政治上的禁忌，（一）陳芳明，《二二八事件學術論文集》，前衛出版社，一九八八年。（二）陳木杉，《二二八真相探討》，博遠出版有限公司，一九九〇年。（三）二二八民間研究小組，臺美文化交流基金會等，《二二八學術研討會論文集》，一九九二年。（四）陳興唐主編，《南京第二歷史檔案館所藏・臺灣「二・二八」事件檔案史料》上・下卷，人間出版社，一九九二年。（五）楊碧川，《二・二八探索》，克寧出版社，一九九三年。（六）賴澤涵、馬若孟、魏萼，《悲劇性的開端——臺灣二二八事件》，時報文化企業有限公司，一九九三年。（七）中央研究院近代史研究所，《口述歷史——二二八事件專號》第四期，一九九三年二月。（八）行政院研究二二八事件小組（總主筆賴澤涵），《二二八事件研究報告》，時報文化出版企業公司，一九九四年。（九）侯昆宏編，《國史館藏二二八檔案史料》，上・中・下卷，一九九七年。（十）中央研究院近代史研究所，《二二八事件資料選輯》（一）至（六），一九九二至九七年等，論文、資料、檔案、回憶、訪問等在一九九〇年前後開始飛躍性的增加，研究也持續深化。

2 比起二二八事件，一九五〇年代的「白色恐怖」不太被提及，特別是在日本，幾乎可以說是完全不為人所知。其研究極其緩慢，而在臺灣，終於進行到了訪談作業，開始提及其中一部分，只是，與本省人的受難狀況相比、原住民的受難實際情況等，不明之處還多得多，也有單純當成是二二八事件的延長之思考傾向，除去原住民，就無法還原五〇年代「白色恐怖」的全貌、實際情況與本質吧。中央研究院臺灣史研究所雖有《白色恐怖秘密檔案》，但卻幾乎沒有觸及五〇年代「白色恐怖」。此外，民族研究所雖藏有《白色恐怖終局檔案》，但似乎被人借出，所在不明。

3 藍博洲，《白色恐怖》，揚智文化事業股份有限公司，一九九三年，第二十一、四十八頁。

4 林書揚，《從二・二八到五〇年代白色恐怖》，時報文化，一九九二年，第一三二至一三三頁。

5 藍博洲，《白色恐怖》，第四十九至七十九頁。

6 藍博洲，《白色恐怖》，第七十九至八十三頁。

7 參照吳澍培〈白色恐怖下之臺灣政治犯〉、濟州島四・三研究所主編《二十一世紀東亞平和與人權——濟州四・三第五十周年紀念國際學術大會》（一九九八年八月）等資料。

8 臺北文獻會（臺北市政府委託・臺北民衆史工作室受託），《五〇年代白色恐怖——臺北地區案件調查與研究》（一九九八年四月）所收錄之〈市長序〉、〈主任委員（李逸洋）序〉等。

證言一

瓦旦・達拉（林昭明）的回憶

一九九五年三月二十三日，林昭明氏（照片十八）提供了由文字處理機繕打的中文回憶，轉譯如下。閱讀後可以了解到，以泰雅族所見「白色恐怖」為中心，是極為重要，也是相當有意思的內容。相較於「臺灣省工作委員會」與「山地工作委員會」等，對於了解幾乎不知其詳情的「蓬萊民族解放委員會」與「蓬萊民族自救鬥爭青年同盟」來說，可謂是相當珍貴的資料。

有關回憶中說明不夠充分，或日本人較難理解之處，再度向林昭明請教，並由林昭明本

照片18　林昭明（筆者拍攝）

人進行了補充、修正。筆者將之譯為日本語，並加以註釋。在回憶中，林昭明使用了「高砂族」、「原住民」、「少數民族」、「山地人」等多種表達方式，作為他本人的心情表達，本譯文未對此進行硬性統一。另外，（）中的內容是出於方便理解等考量由筆者所補充之文字。

瓦旦・達拉（ワタン・タンガ）一九五〇年代臺灣白色恐怖受難之回憶

（一）啟蒙

一九四八年，我的伯父樂信・瓦旦（（ロシン・ワタン）林瑞昌）被招聘為省政府諮議。同年我考上建國中學高中部，就讀一年級，兩個堂兄弟「茂紀」（後改名為林茂成）與「茂秀」（林茂秀）也各自升上高中三年級與初中二年級。因此，我們同住在臺北的萬華，日常的料理、洗衣都是自己來，生活雖然困苦，但有比較多自己的時間可以自由運用。當時，我因為對臺北不熟悉，就連陽明山在哪裡都不曉得。逐漸地，學校附近的公園、書店、圖書館成為我在課後悠閒打發時間的去處。偶爾也會到西門町看電影，這些是高中時代主要的娛樂。為了求學而甫從山地來到大都市的泰雅族青年，對於所接觸之物都非常有興趣，特別是對於知識更是渴求。

一九四八、四九年，大陸的情勢逐漸惡化、不安定，人民解放戰爭方興未艾。而在臺灣，一九四七年二二八事件的餘波仍在，這使得閉塞的臺灣更加緊張，充滿了鬱悶的氛圍。第二次世界大戰後，世界的政治思想形成了社會主義與民族解放運動（nationalism）兩大潮流，在亞洲，中國、朝鮮以及中南半島等的東南亞各地都身在此潮流之中。殖民地獲得獨立，接受美援的各國，人民對於貪汙、腐敗等現象進行了抗議，民心在政治、經濟兩方面上都受到了激烈改革的波及。

在此之中，我並不是從別人的觀點進行判斷，而是感受到對於各種紛爭、戰禍的真相，必須由自己進行探究的必要。當時的學說、思想在談論些什麼？以及從書籍中了解的問題，例如政治、經濟、哲學思想對於山地社會來說，雖並不全是新鮮的，但其中包含了新的觀念。當時，我處於求知欲、好奇心最旺盛的年齡，想要知道所有事情，至於理解程度則是另外一回事，有關政治、經濟、哲學思想的書我都想要讀。升上高二後，大概兩天一次，到新公園博物館地下室的圖書館，在那裡寫完作業後，根據當時心情借幾本書來讀。圖書館裡有豐富的日本語書籍，全部都是公開閱覽的，當時馬克思、恩格斯的《資本論》與亞當・斯密的《國富論》是我投注最多研究心力的書籍。此外，也閱讀黑格爾與康德的哲學書。唯物辯證法、唯物史觀也可以從各種哲學書籍中讀到。

讀了這些書籍，必然會成為反省山地社會現狀的契機，也抱持著必須要反省的心情：從理論上來說，解決少數民族問題似乎必須採取階級鬥爭的手段。革命的終極就是階級革命，某些民族從其他民族的壓迫中解放出來，但作為內部問題而存在的貧富差距、階級間的對立並不一定能夠同時解決。但由於階級革命，對於少數民族的壓迫、差別待遇現象可以初步獲得改善，也可以初步回復被剝奪與被無視的權力。

話雖如此，我當時也不過是個無能為力的學生，在「革命」的想法與行動之間，仍有相當遙遠的距離。作為青年的我，基於憂慮原住民的命運之情感，對於表示關心原住民社會，不管是怎麼樣的人，我都很樂意與其交換自身的經驗與感想。我並沒有完全接受這些人們的見解，但是，如果沒有最低限的知識，聽到各種說法時，就會失去自己的立足點。因此，我才自發性地閱讀各種書籍，同時注意時局的發展。臺灣的政情處於無法預測的狀態，一旦發生了重大事件，泰雅族應該採取什麼樣的立場？泰雅族的青年知識分子在部族的人們面對危機時，應該要如何協助？我希望自己能夠做出正確的判斷。

（二）父親

父親達拉・瓦旦（「タンガ・ワタン」林忠義）那個世代的泰雅族人們，對於外來文明，不管是日本人，或者是漢人（閩南人、客家人等現在的本省人），都認為他們的文化比我們的文化更為進步，所以必須學習。十九世紀末到二十世紀初，每年都與外來民族發生紛爭，透過頻繁地接觸，祖父（瓦旦・燮促〔ワタン・セツ〕）等泰雅族人逐漸有了這樣的認識。也就是說，將自己的文化水準提升至與他們同一程度，始能發現生存之道。父親自身成為了原住民部落的頭目，在與日本人交涉的過程中，深化了對於外來民族的日本人的了解，在語言、文化、禮儀、生活習慣方面有了「必須學習比自己優秀的地方」這樣的信念。父親自幼喪父，因此沒有機會受到日本教育，所以對於自己孩子的教育特別重視。父親也更進一步，在農業上也學習近代的生產技術，放棄山地的燒墾方式，採取定居的水田方式，增加糧食的生產，販賣多餘的米就可以換取現金，也就能夠讓下一代接受教育。日本政府禁止泰雅族人的織布，因此，父親認為織布會浪費太多時間，所以把時間拿來進行養雞、養豬等工作，將這些賣掉的所得，就能夠買到比過去更多的物品，例如布料。栽種的苧麻也拿到日本人設立的交易所，就能夠交換布料、鹽等日用品。就像這樣，以身作則，從根本開始提高生產效率，改善了生活習慣。

在部落當中，父親協助當局，讓泰雅族的人們接受近代生活的方式，而且勸導族人向漢人學習木工、鐵工等技術。雖然日本人要求泰雅族交出槍枝，但最終同意部落若向派出所申請，一年可以進行數次狩獵。[1]日方在依據沒收槍枝的政策補強理蕃工作同時，也削弱了泰雅族的反抗勢力。話雖如此，我族自身也下定決心放棄傳統狩獵為主的生活方式，適應水田耕作的農業生活。因為如果擁槍自重，不僅容易引起衝突，部落的人們也會拒絕耕作，變得固執於舊有的生活方式。

話雖如此，像我們這樣在學校接受教育的孩子，經過一段時間，就會逐漸發現一個事實。即便泰雅族在學習上與日本人、漢人同樣程度，也永遠無法達到與他們同等的地位，感覺到了在社會、文化、心理方面上的差別待遇。事實上，同班同學即使在成績等方面不如我，但地位還是依舊在我之上。要說為什麼，因為他們是日本人，或者是漢人，而我是少數民族出身的。就算父母向我們敦促要認真讀書，但對於實際在學校學習的孩子來說，離開部落面對帶著惡意開玩笑的同班同學，心裡會感到非常沉重的壓力，受不了的時候只好打一架。不可思議地，就算跟日本人的孩子打一架，也不會受到更惡劣的待遇，反而能夠被其他同學稱讚「勇敢」。我想這與日本文化尊重「武士道」或許有關係。

臺灣「光復」之後，日本語從共通語變成敵國語，沒有聽過的北京話逐漸填補了日本語所留下的空白。當時，我是新竹的初中三年級學生，新的國語除了漢字以外，什麼也不懂。漢人的同班同學開始也遭遇到同樣的困難，只是雖然閩南語、客家話與北京話的發音都各自不同，但在語言的特質、構造上卻是差不多的。除了因為是祖國的語言，所以能夠增加學習的欲望之外，漢人教師在必要時，也會加入閩南語來說明內容。相對於我這樣的原住民孩子，必須灌注比漢人孩子更多心力來適應環境的變化。

在這樣的狀況下，心裡就想著「如果老師能夠用我所了解的語言來上課，就不會這麼辛苦了」，學習的欲望變得非常低落，甚至曾經達到想放棄學業，學個一技之長也好的程度。如果有機會，想離開臺灣，日本有從前的老師、同班同學、朋友，在那裡語言也不會有障礙。如果有可能，前往日本確實是條理想的出路。就在這樣計畫的同時，在「光復」前，在日本預備軍官學校求學的哥哥（指原陸軍飛行學校幹部候補生的林昭光）從日本回到臺灣來了，我的出國計畫也就幻滅了。

（三）光復

日本敗戰，接著來的是中國人。當時說是「光復」，也就是臺灣回歸「祖國」，原本應有希望改善少數民族的待遇。但是，泰雅族卻有非常深的挫折感，伴隨著新政權的，是與此前完全不同的語言、生活習慣、法律與道德標準。

少數民族無力主宰自身命運，傳統文化也不足以依恃。在期待新政權的同時，恐慌、失望、不滿也充斥了山地社會，部落中無法完全適應的幾個人，乾脆回歸山林，回到過去的狩獵、燒墾生活。在歷史上與臺灣並沒有密切關係的新政權，除了知道它是漢人口中所謂的「祖國」外，其他什麼也不清楚，此政權的性格、作風、山地政策到底為何，部落的人們也無法掌握，為此，一開始採取觀望的態度。然而，「光復」後，山地社會的生活水準急速下降，盜賊與小偷猖獗，再看到了平地所發生的二二八事件，大家都很困惑。

擔任醫師的伯父（樂信・瓦旦）憂慮新時代的變化給部落的人們帶來之衝擊，也深刻理解他們的恐怖與不安。伯父為了少數民族未來的發展存續，毅然棄醫從政，醫師這份職業收入不少，生活不虞匱乏，但是，他放棄了高收入的職業，只希望能協助原住民早日克服眼前的困難，可以說有了將得失置之度外，堅定不移的覺悟。

臺灣在「光復」初期，行政長官及其幕僚對於山地政策十分關心，也有接受原住民部落中菁英分子的建議與忠告的度量。只是，可惜的是，伴隨著陳儀來接收臺灣的人員組成複雜，有少數人們抱著想要乘機賺一筆的野心。以接收角板山的長官為例，在就任後不久就偷偷轉賣了日治時期衛生所留下的醫療品與備品。為此，部落的人生病了卻沒有藥可以用，引發了「三民主義不是應該和平地、公平地對待外省人、本省人、泰雅族人嗎？為什麼還能發生這種事情呢！」的批判。各種怪現象在平地社會更加嚴重地發生，爭議也逐漸增大，二二八事件就是在此種「外省人對臺灣人的差別待遇」的心理與姿態下而爆發的。

二二八事件發生後，伯父不僅成功壓制了山地社會的蠢動，也贏得了當局對於山地社會的信任。此後，他為了解決山地社會所面臨的危機，不斷地向國民政府提出要求協助、幫忙的陳情。在教育方面，也提出了培養山地教師的簡易師範構想。有關於日本財產的處理，也建議將日治時期被奪走的土地歸還給各部落，在其土地所留下的農村企業，也應該讓原住民優先繼承，以改善山地經濟的困難。說到「光復」，指的當然是回復原來的權益，要不然「光復」什麼呢？只是，這樣的建議不符合當局的政策，國民政府的施政有優先考慮的順位，外省人為第一，閩南人、客家人是第二、第三，原住民在最後，過分的時候甚至沒得輪到。五〇年代，國府遷臺後，溝通想法逐漸變得困難，幾次陳情都未果，反而懷疑伯父有所企圖，成為日後悲劇的原因。

（四）青年

為了培養山地教師，國民政府特別招收原住民學生，在臺北師範學校（日治時期的臺北第二師範學校）附設的三年制簡易師範學校學習，後改為每年招收定額的簡易師範學校學生。另外，也可以在臺中師範學校學習。因為伯父為主導者，所以我也才能認識在臺北求學的一群原住民學生，當時，在臺北求學的原住民學生非常少。知道了有年紀相仿的青年也在臺北，很自然有強烈的興趣和他們認識、互相激勵，或者詢問他們是否有什麼困難我能夠向伯父反映。放學後，我主動拜訪臺北師範學校，做自我介紹，在那裡認識了趙巨德，同時也沒想到會碰到孩提時期曾有一面之緣的高建勝。

日治時期，只有出身「日本國語之家」的警察子弟有接受教育的優待，「日本國語之家」指的是能像日本人那樣流利地說日本語的家庭，當然，作為前提的是必須是警察的家庭。在泰雅族的區域，警察官多為日本人、泰雅族人出身，幾乎沒有閩南人、客家人出身的，可以說完全沒有。為了成為警察官，「高砂族」必須要接受日本語考試，而日本人卻沒有必要接受「高砂族」語言的考試。在小學校，一個班級至多只許可男女各一名「蕃童」入學。因此，入學除了要跟同為「蕃童」的孩子們競爭外，還必須要跟受到優待的警察子弟競爭，一般家庭，就算是頭目的孩子要入學也不簡單。

高建勝的父親與我的父親都是「部落」內備受尊敬的頭目，只是，因為兩家都不屬於「日本國語之家」，所以子弟想要進入小學校非常困難，我們兩個人可說是相同境遇。父親帶著我拜訪「Tampya」（現臺北烏來的忠治村）時，曾經在他家過夜。當時，我是大溪小學校的六年級學生，日本姓是「渡井」，他是新店小學校的四年級學生，日本姓是「丸山」。「光復」後，我進入建國中學就讀，他在簡易師範學校學習，再會時，我改姓為「林」，他改姓為「高」。

在簡易師範學校所認識的原住民學生出身各地，從南澳鄉、秀林鄉、尖石鄉等各地而來，但是我跟高德勝、趙巨德特別合得來。趙巨德的母親為泰雅族，父親為賽夏族，擔任五峰鄉鄉長，他們兩個人在原住民的學生當中相當優秀，人品也好，非常向學。當時，我們都是學生，課業為重，多是利用星期天碰面，有時一起吃飯、看電影，或者是去陽明山與新公園等地遊玩。因為三個人都有少數民族的背景，自然會針對山地社會所面對的情況、山地社會的何去何從、山地的青年知識分子應該如何因應等，交換感想與想法，這些都是我們所關心的焦點。

我在念小學校時，對於「日本國語之家」中的幾個孩子排斥自己的民族，否認自己出身的行為相當反感。我在學習其他人們的知識、技術、語言，甚至比他們還要會說他們的語言一事上沒有問題，但是至少不應該遺忘自身的語言。「光復」後，國民政府推行「山地平地化」的政策，但比起「平地化」，是否是更想要消滅「山地」呢？我對此保持警戒。「山地」一旦「平地化」，我們自身的語言就會被消滅，甚至泰雅、排灣、阿美的區別也會消失，因此，應該要保留語言的想法就成為了我強烈的信念。

我開始有了「屬於自己的文字越多越好」的想法。高中一年級時，嘗試著使用日本語、羅馬字的母音，排列出泰雅族語中發音的母音，同時我向原住民學生表達以下的想法，「不管國民政府的政策如何，必須要有保存自身民族語言的自覺。我們也要創造自己的文字，書寫自己文字的文章」。荒唐可笑的是，這樣的主張，在之後被作為被治安情報人員指責為我企圖「叛亂」的罪狀之一。

（五）「自救」

由於從父親與耆老處所聽到的祖先歷史，我認為少數民族原本就擁有長久的自治、文化，土地的權益應該要被尊重，不容侵犯。但是，在「光復」後的高壓政策下，山地社會直接面臨了同化，如果不立即思考挽救之道，只是隨波逐流，二十年後少數民族可能就會被消滅了。伯父處理二二八事件的態度給我一個啟示。也就是，「少數民族要了解自己的力量，堅守立場，不應該盲目地參與事件的計畫，要不然，就會引起部落滅亡的危機」。

但是，我也體悟到「脫離被宰制的命運，回復被剝奪的權益，只是與當局友好合作或妥協是無法圓滿解決的。實際上，原住民必須要覺醒，自發性地參與部落命運的草圖設計，在這一點上，原住民知識分子必須特別積極地扮演主導的角色」。個人的能力或有極限，但我相信如果集合眾人的智慧，同時更進一步地形成完整的組織，不僅能夠達成有益之事，也可以與政府進行交涉。出於對於臺灣政治、社會情況的觀察，以及在圖書館的閱讀所獲得的知識，我開始摸索設立組織的可能性，但不過是剛剛萌芽，還是非常幼稚之物，雖不能說有完善的構想，但拯救、解放部落的曙光穿進了我的頭腦。這個夢想必須果敢去實現！有了這樣的心情，因此，向高建勝與趙巨德說明動機與目標後，我們就組成了「蓬萊民族自救鬥爭青年同盟」（以下簡稱「自救同盟」），其任務就是要啟蒙原住民的青年知識分子。

首先必須要先尋找人才，由於我們全都是學生，學校是活動主要的場所，所以「自救同盟」以青年為主要對象。當時，初、高中以上的原住民學生多集中於臺北師範學校與臺中師範學校，高建勝考慮到地利之便，負責接觸臺北師範學校學生，我則負責臺中師範學校的學生。時間的限制與經費不足是最大的問題，但我對於所有的活動都熱情以赴，在星期天以自掏腰包的形式來進行。我拜訪了臺中師範學校，從加深與學生之間的友誼開始，在談話之間，如果覺得對方的資質與條件符合的話，才會進一步地詢問他的意向。

就這樣，採用「地下活動」的方式，實在是不得已而且很辛苦的。特別是國民政府來臺後，為防範大陸地下工作人員從事顛覆政府、叛亂活動，嚴格管制民間成立的社會團體，就連單純以學術研究為目的團體也禁止。因此，只要是沒有獲得政府許可所設立的社會團體，全都帶有地下組織的色彩，「自救同盟」當然也不例外。為了避免無謂的困擾，在接觸學生時，也不喜歡大肆張揚，只有那些有心為原住民出一分力，並且有意成為「自救同盟」的一員，擁有「義」的青年才是我們不可或缺的人才。

自「自救同盟」開始後，就期待能吸引在原住民青年中有知識、能力的出色人才，並且讓這樣的人才加入同盟。因為人才與組織本身的性格有關。我們以知識為後盾，以筆作為工具，對於政府的山地政策提出建設性方針，希望能夠透過理性與和平的手段進行溝通，所以不論從動機、目標以及做法來說，「自救同盟」都可以說是相當知識性的團體。但是，隨著中共以武力侵犯臺灣的威脅日益增大，產生了當局最後會玉石俱焚這樣真偽交雜的謠言，在這樣的情況下，我們為了保護原住民部落的安全與利益，不能否認曾考慮過在必要時以「武力」來防衛自身。話雖如此，如果準備以武力鬥爭這樣的說法為真，「自救同盟」就必然要用別的做法來經營，從吸收的同盟員到活動內容、方式也都必須完全改變，所以，我們不過是做好了對應情勢的心理準備。「自救同盟」徹頭徹尾，一以貫之的停留在學生運動的範圍，我們的目標僅僅是針對少數民族的命運，以自身之力拯救、解放少數民族而已，沒有接受任何外部的人或是團體之援助。因為極其重視獨立性，所以全部的活動路線與方向都是由我、高建勝和趙巨德來決定、指導。

（六）「共產黨員」

國民政府撤退到臺灣後，在政策上高喊「反共抗俄」。一般人都知道在臺灣有一群共產黨的地下工作員在活動著，對於共產黨情報員的檢舉工作如火如荼地展開，「自首」運動也在當局無止境的煽動下進行著。當時，與「某些個人」有「來往」是很危險的事情，「知情不報」罪的解釋也是因人而異，這給了情報治安人員很大的發揮空間。

伯父不僅僅是在原住民的政治領導者中，被國民政府所注意的人物，同時也受到共產黨的重視。幾位共產黨員拜訪了伯父，我因而認識其中一些人，起初還不知道，但後來就知道了其工作內容。他們對山地社會表達強烈的關心，想要知道山地社會的問題，非常地友善，我也將他們視為朋友。當時，在街頭巷尾，每天都可以聽到國民政府不停地逮捕人，誰被槍殺，或者誰去自首之類的話題。在這樣的情況下，我跟他們基於道義，約定了不對外洩漏雙方的談話內容。當時的我非常單純，是涉世未深的年輕人，相信他們與我的事情應該不會引起任何問題。

他們常常送來小冊子「請參考看看」，我知道他們是想進行思想教育，但是，為了理解對方所說內容，我會閱讀小冊子當中的內容，因為理解之後才能擁有自己的立場。

為了「自救聯盟」而南下拜訪學生時，也曾帶著他們一起去。除了思想教育外，他們也希望我可以加入共產黨，甚至是要求我放棄學業，全心全意地投入運動，只是我拒絕了，這引起了他們對我的批判。

當時，我還在不斷摸索，怎麼做才是正確的。此外，也沒有能徹底了解的自信。對於還是學生的我，現實發生了各式各樣無法解決的事情。我絕對不是狂熱的實踐家，而是相當重視知識面的研究性格，我們的目的是要如何避免山地社會更進一步受到傷害，如果採取「武裝鬥爭」，只會產生更大的分歧。

當然，我不能否認，沒有階級差別待遇的社會主義制度，的確曾一度打動我的心。雖然並不完全清楚大陸的實際情形，但我知道大陸的制度有少數民族的自治區，人民代表大會與政治協商會議也都有少數民族的席次。另一方面，儘管臺灣原住民各族的語言都不同，但只能有三席的民意代表，更可憐地是只有縣級單位的山地行政科在處理山地「部落」的要求。而所謂「山地平地化」的政策，很明顯地是以「消滅」少數民族為目標。雖然人類最終會邁向「大同」，交流也會逐漸變得頻繁，但不應該用這種非人道的做法來否定我們的存在，因為我們也同為人類。

我從來不是共產黨員，「自救同盟」也不是共產黨的外圍團體。因此，我在當時完全不知道在中國大陸的政治鬥爭是如何殘酷，連一點概念也沒有。我沒有做出對不起原住民的行為，也不打算為了自己一人的活命而去自首，我深信自己的行為是合乎正義的，何必自首來否定自身所發起的運動呢。最後，他們還是把我的名字供出給了國民黨，這對我來說是個教訓，也是一個經驗。但是，我並無意苛責他們，因為我也有同樣受情報治安人員虐待的經驗，知道他們受了相當大的壓迫……。從理念上來說，我跟他們有共同點，知道「誰」對原住民是真正關心、「誰」是真正寬容是有必要的，這是通過長期的社會實踐，才能夠被證明的。不管是什麼樣的人，只要能表現其誠意與關心，我都是歡迎的。

（七）逮捕

「自救同盟」的活動，在地下分子蔡孝乾被逮捕後，就完全停止了。情報治安人員破壞了許多的地下組織，逮捕了許多重要的地下分子。在其中，負責山地工作的簡吉也被逮捕了，很意外的是，情報治安人員從他口中聽聞了我的名字，只是當時我對此渾然不知。臺灣肅清「匪諜（中共特務）」的氛圍逐漸增強，「自救同盟」經過半年的活動，為了安全而畫下了休止符，原本應該只是高中時代一小段時期的回憶。高中三年級時，我埋首於課業，偶爾在圖書館碰見來借書的高建勝，跟他也並沒有頻繁的碰面。

畢業後，我沒有考上大學，在臺北停留了一段時間，思考將來生活的出路，並不特別焦慮，只是好像會有什麼想不到的事情會發生，沉重的不安壓迫著我的心。

父親要我回家幫忙，所以我離開臺北，回到故鄉（現桃園縣復興鄉角板山）。只是，我不幸感染瘧疾，當時，在擔任鄉長的哥哥（林昭光）家跟病魔奮戰、休養。一九五二年九月十日五點左右，「明後天，來一趟桃園縣政府」，警察帶來這樣的通知。哥哥有事外出，母親轉達了這個消息。第二天我就一個人去縣政府，到了縣政府後，就被告知要去刑事警察大隊。到了那裡，什麼也沒有交代就馬上被關進牢籠裡了，這個時候，我還發著燒、暈眩著。我很清楚自己絕對不是刑事犯。如果真有什麼理由而被逮捕，肯定是與過去有關聯的思想問題。

自從被監禁開始，就失去了與家族聯絡的方法，只能夠等待，但看不到任何進展。在同一個牢籠裡的人都是刑事犯，偽造日幣的、吸食鴉片的，或者是小偷，他們一知道我是因為思想問題而被逮捕，馬上就說：「麻煩死了！麻煩死了！」再也不敢靠近我。第二天，我被移送到臺北，第一次知道了被逮捕原來是由保密局下令執行的，以及被逮捕的理由。我除了想知道誰把我的名字說出來以外，也想知道有誰也被關進這裡，如果那些人也入獄，那就準沒錯了，產生了害怕的心情。在接受調查之前，聽聽前輩的經驗，會以什麼方法對待我們，以及該如何回答、對應等，都要參考一下。當時，我的口袋裡只有數十元，入獄後，雖然有分發的物品，但完全沒有衣服、牙刷等日用品。之後，什麼也沒發生過了三個月，第一次跟家裡取得聯絡，送來了日用品與金錢。這時候，家人才知道我人在獄中，而且還活著。像我這樣被帶走的人，在二二八事件中有非常多的人後來都行蹤不明。

進入保密局後不久，見到了高建勝，我的心裡想著「他也被逮捕了」。當時還是盛夏的九月，非常的熱。數十個人打赤膊排隊，高建勝站在我的前排，我從背後發現他。監獄內每間牢房都放了一個糞桶，大家輪流去倒排泄物。有一天，我去倒排泄物時，有個個子矮的人對我笑，那個人竟然是我的堂弟林秀茂。我非常吃驚並問道：「喂——你也來了啊？」但他只是一直笑。旁邊有監視的人，如果被發現在對話，就免不了被拷問，於是什麼也沒說就離開了。我曾經跟堂弟一起到阿里山旅行，是因為「自救同盟案」被捕的吧？另外，因為他跟父親同住，由於他父親（樂信・瓦旦，林昭明伯父）的關係，當然也會知道地下工作員來訪之事。

在第一次調查走進法庭時，司法官與幾位高級將領已經在等我了。其中一位將官不客氣地說道：「我們擁有六十萬大軍，你們（原住民）只有二十萬到底想幹嘛呢？」我非常地吃驚，覺得這根本不是問題，軍隊不是用來防衛國家與人民的嗎？為什麼像是私人傭兵般將民眾視為敵人呢？難道原住民不是中華民國的人民嗎？

在保密局被拘留了十一個月左右，在此期間，接受沒完沒了的訊問與調查。比方說某某人自首，與我有關係，寫到從我這裡「收到了機密文件」或者「收到了活動開始的命令」等。出現了無數荒唐無稽的「證據」，讓我陷入混亂，只能不斷地明確反駁、提出反證。過了不久，我得知由於情報治安人員的威脅利誘，有非常多的人就承認了所謂的「罪」，我同情「自首」的人們。我無法苛責人類的軟弱。

縱使如此，許多情報治安人員將此視為「一個機會」，如果案件造成更大的轟動，撥下來的經費也會越來越多。基於功利心，在他們的腦海裡，已經構想出完美的「叛亂活動」。我對於身經百戰的情報治安人員的巧妙問題，必須用盡所有腦力來應付。因為只要說錯一句話，解釋不清一件事，就可能引發嚴重的後果。考量到生命危險，我完全改變了態度。支撐我唯一的力量，就是堅定地相信自己的理念與行動並沒有錯誤。因為一旦信念動搖，就會將自己推向精神崩壞的境地。

（八）起訴

在保密局的恐怖調查告一段落後，我們被移送至警備總部軍法處。第一道關卡是檢察法庭，軍事檢察官對我照本宣科地問：「什麼時候參加共產黨的？」[2]我回答：「我

照片19　高一生（林茂成提供）

沒有參加共產黨」。他不管我的回答，同樣的問題問了三次。檢察官怒吼道：「說謊，滾出去。」其他什麼也沒有問，也不管我沒有認罪就起訴了。接著展開了調查庭、辯論庭，每當開庭時就會有新證人、新證據，在持續拘留同時，事實也持續被捏造。

在軍法處碰見伯父（樂信・瓦旦）的時候，有監視的人，所以無法對他笑或者是搭話，我們只能裝作不認識的樣子。擦身而過時，伯父擔心地問我：「你是因為第二條第一項被起訴吧？」我回答：「是的。」「第二條第一項」就是針對參加共產黨組織，意圖顛覆國家的現行犯，是要被槍決的罪刑。

有次洗澡的時候，大家在冷水槽旁刷牙、盥洗，根據看守所的規定，必須在五分鐘內完成，時間很緊張。那時，常常發現認識的人，「喔——是高一生！」（**照片十九**），他是伯父的好朋友，在被捕以前，是臺南吳鳳鄉（現嘉義阿里山鄉）的鄉長，是阿里山的鄒族。他與伯父因為「新美農貸款案」與「匪諜案」一起被逮捕。當時，還逮捕了泰雅族的高澤照、鄒族的湯守仁、武義德、汪清山等人。我向他走去，高一生用日本語說「沒有必要擔心，沒問題的。」安慰我。我回答：「不應該樂觀，恐怕事情不是你所想的那樣。」但是，高一生只是重複著「沒有必要擔心，政府是很寬容的。」對此，我回答：「我不這樣認為，不應該鬆懈。」高一生雖然重複著「不要擔心」，但我們的碰面僅此一次而已，這也是我最後一次見到他。

林秀茂被移送到軍法處，也是因為「自救同盟案」而被以第二條第一項起訴。為此，我寫了報告書，說明堂弟與此是沒有關係的。「他到今年也不過是初中生，什麼也不知道，並不是我有意吸收（進自救同盟）的對象。」並要求對證。我出庭時，堂弟也在場。我在法官的面前主張與他沒有關係，跟他一起去阿里山純粹是旅行，並不是要讓他參加「自救同盟」。他不僅沒有參加，連參與活動都沒有。因此，他與我的關係並沒有問題。但因為父親的關係，他由於沒有「大義滅親」的勇氣，被判決兩年徒刑，罪名為「知情不報」。在服刑尚未期滿時，在臺灣已有二十多萬人的政治犯，（對當局來說）因為監獄人滿為患而頭痛，剛好蔣介石連任總統，就以「大赦」的名義，釋放了犯「知情不報」罪的政治犯，同時解決了監獄不足的問題。

（九）噩耗

一九五四年四月十七日清晨，伯父與高一生等六人被槍決。[3]那天醒來後，同房的獄友說：「有六個山地人在早上的時候被帶走，在出發之前被命令脫下所有衣服，然後拿在手上再走。」這是多麼不人道的對待。我也自知會因第二條第一項的罪名而死，因此，我整理了所有的行李，只留下一塊白布、一套衣服，還有幾件襯衫與內褲，把家中寄來其餘的東西全部寄回。兩周後，收到父親的來信，寫道：「為什麼要把全部的東西寄回來呢？」我回信道：「夏天到了，很多東西都不需要了。」

高建勝的牢房在面對走道的另一側，我們在估計守衛不注意時，持續談了很多。我了解他的心情，我們恐怕是逃不過這一劫了。牢房裡是不能談話的，如果談話，就會被帶出去「矯正」。只是，守衛有時也會裝作沒有看見的樣子，因為守衛也曉得我們的心情。話雖如此，在牢房裡還是不允許擅自行動，守衛也不時會大聲斥責。

那時候，我的心情非常平靜，總是下下將棋、寫寫書法。感到時間所剩不多時，就拜託獄中的友人：「如果我被帶出牢房後，再也沒有聽到我的消息，我希望你代我保管這一包裹的文章。如果有機會的話，希望你帶出去。如果我還活著，會去找你拿。這些文章是我自己在獄中寫的，紀錄了在獄中的所得、感想，以及入獄後重要的事情。」等待人生的終點，正坐著睡覺時，喊到了我的名字，我整理了衣服，跟其他人握手道別，什麼也沒有拿就走出牢房。來帶我的守衛問：「為什麼什麼也不帶著走呢？」我搖搖頭重複說：「（要帶著走的東西）什麼也沒有、什麼也沒有。」出了牢房後，鐵門關上了。此時，趙巨德、高建勝、李訓德都已經在那裡了。

一般來說，被槍決者會被單獨叫出，出了牢房的鐵門就有人等著，直接綁起來帶到刑場。刑場後來改至看守所的出入口，甚至是牢房的出入口，因為曾發生過犯人在法庭上反抗、奪走武器、攻擊衛兵的情形。我在步出監牢時，看到其他犯人也走了出來，而且沒有發生什麼嚴重的事態。於是我就對守衛說：「班長，我忘記拿東西了。」守衛說：「所以我不是說過了嗎。什麼都不拿就走好嗎？」我回到牢房，帶上文章包裹，只是高建勝他們還尚未安心。雖然沒有說明詳情，但到法庭上就全部清楚了。

（十）判決

法官宣讀判決「由於林昭明、高建勝、趙巨德年少皆未滿二十歲……減刑至十五年」，根據第五條起訴的其他人減刑至七年。[4]聽到判決後，感到「原來只有十五年而已啊」。判決前我們被拘禁在看守所的東所，判決後要被移至西所。先在東所休息了一會兒，安排就緒後被移送到西所。

進入西所時，意外得知哥哥在隔壁牢房。剛被捕時，如果說有什麼掛念、擔心的事情，那就是「哥哥也被逮捕了吧。兄弟倆人都被捕的話，誰來照顧家裡呢？」哥哥寶杜・達拉（〔ボート・タンガ〕林昭光）在「光復」後，自日本歸國時，北京話一句也不會說。但是，馬上發揮能力，進入了政界。首先在鄉公所就職，而後參與鄉長選舉，順利當選，成為了首任民選鄉長，當時才剛滿二十七歲。當時哥哥也是在原住民的青年政治家中，特別被政府注意的對象，因為在對山地案件的處理上，哥哥是關鍵人物之一。如果哥哥沒有入獄的話，我們就還有希望。我在東所時，曾在散步時看到哥哥被押送進來，頓時萬念俱灰，感覺到事情的發展似乎不容樂觀。事實上，哥哥被逮捕的理由，與政府槍決伯父等六人的理由是相同的。

被移至西所的第二天，聽說美方為了視察看守所內情況，派遣人員前來一事。國民政府害怕美國發現美援經費，被浪費在逮捕與監禁政治犯上的事實，於是把我們數十人分散送進新店街的監獄。據說那裡原先是家電影院，保密局的原址則是高砂鐵工廠。它們都是國民政府依據「資匪案件」與「援助共產黨」而沒收的建築物。步出牢房時，哥哥也走出來，於是我走近他，也許是天賜良機，我與哥哥手銬在一起。於是一路上就有了交談的機會，談論起迄今所發生的事情。在新店度過一晚後，我們又被帶回軍法處的西所，一周後，我與高建勝等人被移送至新店安坑的「自立新村」，哥哥後來則被移送至板橋土城的生產教育所。

在前往新店前，我以為迄今接受調查、盤問期間時所受的拷問、苦痛會隨著判決確定而結束，卻沒想到是另一個恐怖階段的開始。「自立新村」內的管理與以前同樣嚴厲並且強硬。同時還攏絡了少數的政治犯，在背地裡進行監視、監聽、偵查工作，甚至故意挑起事端。深夜進行個別盤問，隔離「反省」，施以肉體上的懲罰，秘密調查政治犯的物品等工作。

不滿逐漸升高，進一步造成我們與看守所間緊張的對立。因為強迫我們唱「反攻大陸歌」，但也沒有人唱，所以思想課程的考試，零分或不及格者占了多數。被毆打了不能還手，被罵了也不能還口。因為是「被歸類」即「不合作分子」，只能忍受更多的肉體拷問。監獄不提供醫療服務，為了預防內傷，重傷者只能靠喝尿（眾所周知，尿由於含有阿摩尼亞等成分，所以對內外傷有療效）來進行自我治療。另外，例如縮短放風時間、無法自由散步，禁止會面等，都是監獄方對於政治犯實施的做法。

鬥爭持續了七年，監獄的強硬管理，其最終的目標是必須讓政治犯不得不順從、轉向。對此，政治犯由於生命的尊嚴，採取「不合作」的抵抗。最後，上層終於了解到使用高壓的手段，是絕不能讓其屈服的。結果是所長更迭，改以撫慰人心、獎勵「合作」的懷柔手段，同時進行學歷、職業、專長的調查，各自區分開來。其結果是，職業登記為教師與醫生等「文職」類被移送至綠島監獄；登記為農民、木工、鐵工、水管工、技師等「技術人員」類被移送至軍法處監獄。高建勝、趙巨德被登記為教師，我被登記為農民，各自被移送至不同地方。

軍法處的監獄管理方式較為開明。軍法處看到我們這群人有各種行業的人才，就利用政治犯的技能來從事生產教育。這樣的做法，比起強硬管理要妥當得多。在雙方的合作下，管理效果意外地好，看守所成為一個「生產單位」，製作竹椅、製作假髮、洗衣工廠、手工藝工廠，各自都成為了「事業」的一部分。當然，我們也可以得到勞作金改善伙食，可以說是看守所對於我們勞動的回報吧。

剛被移送至新店「自立新村」時，班長問我：「叫什麼名字？」我無法回答，獄友代我答道：「他是高砂族。」班長像是完全不能接受的再次問：「會說北京話嗎？」我回答：「不知道。」出獄前，申論考試拿到了一百分，就當作是離開監獄前送他們的「禮物」。

（十一）無愧

每當想起在保密局、軍法處，還有在執行機關所受的精神、肉體上的苦痛、虐待時，總是令我不甚感慨。在裡面不分外省、本省，甚至是山地、平地，獄友們齊心合力互相幫助。

情報治安人員們因為在大陸經驗過國共鬥爭，把我們視為「準共產黨員」，採取仇視的態度。他們將在大陸所遭遇的挫折、恥辱的經驗，無情地發洩、報復在我們身上：讓人持續站著、持續喊叫，被看守所的人捉弄。有的時候兩手夾上刑具，負傷腫脹，其痛苦難以忍受。吃飯像是餵食飼料一樣，拷問時被灌水、電擊、毒打都是日常便飯。人性最美好珍貴的一面，以及最卑鄙醜陋的一面都同時接受試煉，英雄好漢、或是卑鄙小人的真實樣貌都立見真章。

就我個人來說，監查期間二年、獄中生活十五年、然後出獄後被褫奪公權十年。其間職業、住居、或者是出國全部受到限制。當然，境遇比我悲慘的人更多，讓我不禁同情。話雖如此，也不得不反問自己：學生時代，關心自己部落的所作所為，有理由接受懲罰嗎？所有的苦痛，難道是由於我的天真而造成的嗎？

當時的法律，是執政者為了鞏固自身政權而訂定的，不容任何批評、不容任何異議，就連少數民族微弱的呼籲與悲嘆的聲音也不寬容。那是黑暗的、沒有人性的時代，為了財富與榮譽、權力，「人的價值」被完全遺忘，人命變得極為廉價。政治家為了權力鬥爭，忘記了許多對人有益的事情，政治家只關心如何維持自身的安全與利益。我希望這樣的恐怖政權不要再次出現，因為最大的被害者總是平凡老百姓。

現在，臺灣正步向民主憲政的道路，社會氛圍也轉變為自由而開放，環保的觀念也日益高漲，在高喊環境、自然生態、動物、森林的保護同時，也大力推行。同樣地，少數民族是不是也應該要被保護呢？原住民及其文化也有生存權。

這個世界本來就是多樣的，正因為有不同的人們存在，所以文化、語言、思想以及人種也是不同的。如果只聽一種音樂，只容許一種思想存在的話，世界就會變得無聊，也會變得不適合人類居住了吧。各式各樣的文化、語言、思想都是人類所造，必須相互理解、尊重。也許這只是一個夢，但直率地說，我期待著這樣的社會，不論是原住民、外省人、閩南人或者是客家人，都可以在民主憲政下和睦相處、相互尊重，讓臺灣成為和平的社會。特別保護少數民族的權利與文化，不就正是讓他們自己決定文化的發展方向，不被他人所統制嗎？

今日的原住民青年，擁有我們當時所缺乏的機會、環境、條件，這些條件必須要透過自身的努力善加利用。也就是用所謂「耕耘」過去的態度，首先將祖先所留下來的智慧進行記錄、整理，有了這樣的基礎，文化才能夠發展。接著用自己的語言、文字來書寫文章，將現代文明與科學知識轉化為自身的文化。我們的祖先過去與外來民族戰爭，被視為「野蠻人」、「劣等民族」的行為，其動機是為了抵抗外來民族的侵略、保護部落的生存。現在是使用理性與和平手段的時代，武力解決已經不符合時代潮流。話雖如此，但絕不能忘記祖先的精神。我個人絕不鼓吹「少數民族沙文主義」，在我的好朋友中，原住民、外省人、閩南人、客家人都有。現在，社會已經開放了，漢人朋友也已了解到尊重少數民族文化的必要，甚至一起關心和研究，臺灣的文獻也就多樣化了，切勿將這些文獻再度做為優勢民族與個人之用。原住民青年也應親身實際學習、研究，不卑不亢的與漢人朋友合作，要有開闊的胸襟，行事才不會盲目與衝動。

泰雅族語「Utax」指的是看不見的力量，神、真理、自然都是。「Utax smpun」意味著依據真理進行裁決。原住民青年必須要擁有追求真理的熱情，爭取部落平等的地位與權益，並且理性地掌握自身的命運。當年，我們因為懷抱著這樣的夢想，所以受到了決定性的打擊。將來能否出現不同民族間共存共榮的政治制度還不得而知，我想還是要持續努力吧。

本章註

1. 獵槍保管在派出所的槍械庫，填寫獵場與必要的彈藥數等相關資訊的申請書後，就可以借出槍枝（原小隊長・上野保〈第五回高砂義勇隊を引率して〉、收錄於林えいだい編，《臺湾第五回高砂義勇隊》，文栄出版，一九九四年，第二五七頁）。

2. 據說國家安全局機密文獻《歷年辦理匪案彙編》（未見）中，在關於「匪臺灣《蓬萊民族自救鬥爭青年同盟》林昭明等叛亂案」裡寫到，對共產主義思想產生共鳴之原住民青年設立「臺灣蓬萊民族自救鬥爭青年同盟」，標榜「自覺」、「自治」、「自衛」，預備呼應共產黨軍隊對臺灣的進攻（中村ふじゑ〈阿里山麓のツオウ族の村を訪ねて〉（下），《中國研究月報》第五五二號，一九九四年二月）。

3. 一九五四年四月十七日被槍決的有林瑞昌（省議員／第一屆民選省府參議員・泰雅族）、高澤照（警察・泰雅族）、高一生（吳鳳鄉長・鄒族）、湯守仁（保安司令部警備官・鄒族）、方義仲（吳鳳鄉達邦村長・鄒族）、汪清山（職名不明・鄒族）。根據國防部的判決書，罪名為「叛亂」（林昭明〈臺灣少數民族的解放運動〉，收錄於《二十一世紀東亞平和與人權》）。

4. 馮守娥（〈白色恐怖與女性〉，收錄於《二十一世紀東亞平和與人權》）指出，罪名與判決的關係有以下幾種：（一）「特務、情報收集」大部分為死刑、（二）「著手、實行顛覆政府」大部分為死刑、（三）「參加叛亂組織」為有期徒刑或死刑、（四）「知情不報」罪為有期徒刑、（五）「為匪宣傳」為有期徒刑或感化教育、（六）「援匪」罪為有期徒刑、（七）其他。

【初稿】瓦旦・達拉著，菊池一隆解說・翻譯・註解〈一九五〇年代臺湾白色テロ受難の回憶〉，東洋文庫，《近代中国研究彙報》第二十一號，一九九九年三月。

證言一

林昭明訪談錄

——泰雅族的起源、清朝、日本殖民地、國民黨政權

開篇

在訪談時，林昭明提及「人的名字幾乎都忘記了，要一再回想，得經過很長時間才能回憶起來」。對此，同席的和夫產生「沒辦法，都是很久以前的事情，如果年輕時寫下來就好了，但如果寫了這些，就會被國民黨逮捕吧。不謹慎就寫下名字的話，會給別人帶來麻煩的」之感。從無心的一句話，也就不難想像他們曾經歷過多麼嚴峻的時局（照片二十）。

照片20　對林昭明的訪談。左起為林昭明、筆者、和夫

本次對於林昭明的訪談以一九九五年三月二十二日為基礎，在一九九一年一月十日、二〇〇九年三月二十四日、二〇一一年三月二十六日重複進行訪談。此後幾次與林昭明碰面，也在閒談時詢問不明之處。一開始，根據每次實施訪談的日期分開來整理，只是如此一來，重複的地方就會增多、有失簡潔，甚至是變得難以理解。雖然詢問了新的問題，但在把握其回答的正確性同時，把重點放在不明之處，重複進行確認、補充加強的工作。因此，我認為比起個別日期，根據內容來整理，會較好理解，以下即根據主題進行整理修改。

一、林昭明自身的經歷與國民黨政權下的「白色恐怖」

菊　池：我已經閱讀過林昭明先生給我的〈一九五〇年代臺灣白色恐怖受難之回憶〉（同前所錄），為了更進一步理解，請容我提問。首先從基本的經歷開始問起，您好像有三個名字，能告訴我嗎？

林昭明：我的本名是「瓦旦・達拉〔ワタン・タンガ〕」，日本統治時代的名字是「渡井貫行」，中文名字是「林昭明」。

菊　池：您是什麼時候出生的？

林昭明：一九三〇年。

菊　池：請告訴我您的學歷和簡歷。

林昭明：我家人被日本軍強迫移住至溪口臺，我則就讀於日本人所設立的國民學校。日本戰敗後，自新竹的三年制工業學校畢業，前往臺北，就如回憶文所說，進入了建國中學高中部。

菊　池：雖然非常了解林昭明先生的父親（達拉・瓦旦〔タンガ・ワタン〕，中文名林忠義）想要學習日本人和漢人，但產生如此想法的契機，請再更具體的告訴我。此外，您自己認為是以什麼方式來繼承、發展父親的想法呢？（**照片二十一**）

林昭明：我們的民族從一八九五年到一九一〇年的十五年間，為了抵抗日本統治，進行了英勇的武裝鬥爭，其結果，為日本軍所鎮

照片21　林昭光、林昭明過去的家族照

前排二人為父母。後排由左開始第二位為林昭明、第三位為林昭光（林昭明提供）

壓。[1]在這樣的經歷後，父親開始認為如果能將泰雅族的民族文化、特別是生產技術提昇至日本的水準，就可以開拓出民族生存之道。父親雖然沒有受過教育，但做為當地的泰雅族頭目，捨棄了過去的做法，擁有了新思想。我受父親的影響很深，只是我認為單單是提昇至先進民族的文化水準，是無法消除歧視的，認識到了創造自身的文化、特別是特有的文字是相當重要的，因此研究了世界語、漢語、拉丁語等等。

菊　池：日本殖民下的學校生活又是如何呢？當時，已經強烈意識到自己是泰雅族出身了嗎？

林昭明：日本統治時代，對於漢人（現在的本省人）是用一般法令處理，但對於「高砂族」（以下原則上使用高砂族）為行政命令，並不是基於民法、刑法等。所以日本統治時代的理蕃行政，也可以說是警察行政。由於日本統治而迫使封閉的高砂社會開放，其結果為，包含語言在內的傳統文化急速流失，喪失了自己的文化。當時，對於泰雅族也有歧視，我自己對於自身文化也不關心。

高砂族的所有兒童都要進入「蕃童教育所」。日本人的國民學校一個班級大概有三十人，其中，原住民的兒童有一名可以透過考試入學。我在五年級時，第一次能夠參加考試。高砂族警官的子弟可以優先入學，老師幾乎都是日本警官，但有一部分的老師是師範學校畢業的高砂族。此外，漢人就讀的是本島人公學校。

我特別意識到泰雅族文化是從（日本戰敗後）變成「中國」開始的，可以說是在國民黨時代的十五到十七歲左右。因為我認為國民政府，也就是國民黨所謂的「光復」，應該也要認同和推動少數民族的文化，但實際上他們卻是強制推行「同化」政策，這完全違背了我們的期待，所以就是從那個時候開始我有了清醒的認識。

菊　池：日本戰敗時期的事情，可以再更詳細告訴我嗎？

林昭明：日本戰敗時期相當的複雜，已經學會說日本語了，但又開始強制使用完全不熟悉的「漢語」（北京話）。這讓人聯想起清朝統治時期的事情，對於清朝的不滿與對於國民黨的不滿是聯繫在一起的，清朝雖然是滿族人的朝廷，但可以認為清朝跟國民黨都是同樣的「中國人的政府」。[2]

菊　池：二二八事件時，國民黨鎮壓本省人廣為人知，但對於當時原住民是如何行動的，可說是完全不清楚。原住民，特別是角板山泰雅族，對於二二八事件是如何應對的呢？

林昭明：二二八事件當時，泰雅族有很多議員，有來自烏來的聯絡，但是，整體來說，泰雅族沒有行動。日野三郎（樂信・瓦旦〔ロシン・ワタン〕）主張「不要輕舉妄動！」，阻止參加二二八事件，在這件事上獲得很高評價。只是，阿里山的鄒族約兩千人參與行動了，為了回復嘉義的治安，在與國軍（國民黨軍）發生衝突的同時，也幫助平地人從危險中脫困。

菊　池：「白色恐怖」期間，您作為「共產分子」而被逮捕，但具體來說，對於共產主義，當時是抱持著什麼樣的想法呢？

林昭明：我不是共產黨員，也不是共產主義者。就像回憶文所寫的一樣。只是，對於中共，特別是周恩來感到共鳴，周恩來總是對於少數民族的境遇等進行自我批判，表示應該要幫助少數民族自治與保存其文化。另一方面，國民黨不顧由於自身的失敗而在大陸敗北於中共，將其怨恨發洩在臺灣的少數民族上，也就是「為了殺死一名共產黨員，誤殺九十九人也在所不惜」的態度。二二八事件後，我認為社會主義者是站在解放全世界被壓迫民族的最前線，解放殖民地的。當時，我將少數民族解放與階級解放一視同仁，少數民族運動的根本就是有「救民族思想」的社會運動。為了實現拯救少數民族的目標，透過學習《資本論》等而變得「左傾化」也是必然之事吧？

菊　池：您入獄是從幾歲開始到幾歲為止？關於拷問以及對其反抗，包含其他的具體例子，可以告訴我嗎？

林昭明：我入獄是從二十二歲開始到三十八歲為止，之後，被褫奪公權十年，受到約莫二十五年的迫害。在獄中一再被毆打也不唱〈三民主義〉的歌曲，拷問是很殘酷的，「疲勞拷問」一個星期不讓人睡覺，強迫灌水、電擊、拔指甲、在指甲間插針、強迫坐在燃燒的柴火上。……關於拷問，說起來就沒完沒了。我為了不否定自己，維護自己的尊嚴，絕不屈服低頭。只是在出獄前最後的申論考試時，按照他們所說的寫了有關「三民主義」與「反共」的內容，才得到了滿分。

菊　池：您自己也有被拷問的經歷嗎？

林昭明：我的話，曾經被打、被揍。……也有被灌汽油的人。

菊　池：也有被灌汽油的人嗎？

林昭明：有的，有人被灌了一個月左右的汽油，灌水只是普通的拷問、電擊也是普通的拷問、用針刺也是普通的拷問，也有讓人跪在炭火上、也有用牙刷刷女性私處的情形。真的很殘酷，這麼可怕的手段也是有的。或許是禁不起這樣的拷問，有人把我的名字供出來了吧？……那時，我的名字並非第一次出現，早在二、三年前就已經決定計劃性地逮捕我了。我的名字在一九五〇年就出現在黑名單上了，可我們對此毫不知情，因此而被逮捕。在狹小的牢房裡塞進二十到三十人，幾乎是連躺下的空間都沒有。因為炎熱，只穿一條內褲，做好了死亡的準備，把衣服等都寄回家。家裡很擔心，回信問道：「為什麼要寄回來呢？」

菊　池：日野三郎先生在保安司令部，林昭明先生在保密局對吧？

林昭明：是的，我在保密局，直屬於中央。這好像是戴笠的系統吧？

菊　池：戴笠的話是軍統，「藍衣社」，就是現在的情報局吧。

林昭明：所以我進去的時候，保密局的人就擺架子說：「對於我們所做的事情，其他人誰也干涉不了。我們就連保安司令部、陸軍司令部、憲兵司令部決定的事情或判決都可以推翻，不管其他人說什麼，只要我們覺得有問題，就可以逮人。」也就是說保密局為最高機構，後來成為國家安全局。

菊　池：這樣子啊。保密局的地位在保安司令部、陸軍司令部、憲兵司令部之上吧。如果如此，陳立夫的中統，也就是「CC派」（調查局）又是如何呢？

林昭明：像這樣的機關有許多，「CC派」雖然也很恐怖，但保密局是最恐怖的，是其他機關所調查、決定之事一律不聽的特務機關。保密局真的很恐怖。保密局分為東所和北所，東所是以誰都還沒插手的案件所逮捕之人為對象，北所是以已經確定的案件所逮捕之人為對象。我是北所，因為蔡孝乾[3]什麼都已經招供自白了。蔡孝乾原本是臺灣人，但在中共的長征時期，遠赴大陸，加入中國共產黨，後被中共派遣到臺灣領導地下工作。蔡孝乾曾經擔任過中共內政部長，但是蔡孝乾卻向國民政府「自首」，投降後什麼都坦白了。其結果，臺灣省解放委員會只能逃走，我就是因此而被逮捕的。那時，用了「兩、三天就可以回去了」的謊話把我帶走的。當時，對於對方詢問的內容，只能回答「有」，或者是「沒有」這兩個答案，如果說「沒有」就會被拷問。

菊　池：在「白色恐怖」中被逮捕的確切人數還不清楚，您認為大概有多少人呢？如果知道的話，大概的數字也好，想請您告訴我。

林昭明：一九五〇年代到六〇年代的「白色恐怖」時期，我被判處有期徒刑十五年時，與自己同時受到宣判的少數民族有四十名，其中七名被處死刑，其他還有三名平埔族也被處死刑，包含這些合計有十人，無期徒刑一名、有期徒刑十五年三名。一九五二年因為「白色恐怖」而被逮捕的在臺灣全體約有兩萬人，其中有四千到五千人入獄，「白色恐怖」時期的案件總計達到了二萬九千件，被處死的人有「五千人」。但是，這不過是冰山的一角，光是已知的沒有判決書就被殺害者、死在監獄者、被暗殺者等就有「約三萬人」，有可能更多，也有一說是「七萬人」。以此觀之，因「白色恐怖」而被殺害者遠比二二八事件多得多，是個相當重大的問題。

菊　池：這麼說來是一九五二年左右開始進行逮捕的吧？「共產黨員」指的全部是中國共產黨員，可以這樣認為嗎？如果是這樣的話，從大陸派遣過來的人與在臺灣入黨者的比率等等，知道的話請告訴我。

林昭明：當然是指中國共產黨員，臺灣共產黨在二二八事件後，謝雪紅[4]逃往大陸後基本上就可以說完全消失了。臺灣共產黨與日本共產黨的關係是很深的吧？在此說的是大陸的共產黨，也就是中共。比方說，從中共派遣過來的人，有之前提到過的「山地工作委員會主席」蔡孝乾，他本來是「臺灣人」，我想應該是閩南人，從臺灣前往大陸，加入了中國共產黨，聽說曾擔任過內政部長等職務。為了工作他又回到臺灣。從大陸過來的中共黨員有近一千人，當然，我想在臺灣對中共產生共鳴而入黨的人也很多，但數字不清楚。因為國民黨認定的「異議分子」不只是共產黨員，還有民主派與獨立派，甚至包括了少數民族，把這些人全部都當成「共產黨員」來處理，所以到底有多少共產黨員就不清楚了。

菊　池：您出獄後的情形又是如何呢？已經被褫奪公權了，從事些什麼樣的工作呢？

林昭明：出獄後，有「林氏學田」[5]給予我經濟上的支援。「林氏學田」以林鴻源（與清末大富豪林維源有關係）的孫子林鴻立為代表。在其補習班待了一年。……被褫奪公權，就不能出國，這是誰都知道的事情。不僅於此，警察總是來糾纏，我想在臺北做生意，警察就來干涉，我想只要自己有一技之長，就不會失業了。

一九七六年，我與在獄中認識的兩位夥伴，在新竹開設了工廠。這二人並非少數民族，而是外省人，三個人合作經營工廠。總公司設於臺北，一個人是社長，一個人是專務，而我是工廠廠長／生產部長。還是在被褫奪公權的時期喔。日本向香港下訂單，然後轉包至我們的公司，生產的是人偶的頭與假髮等。基本的生產技術由日本公司傳達給香港公司，香港公司再教給我們的公司，也就是技術移轉。作為生產部長的我將此加以種種改良。比方說，成功用聚乙烯將人偶的頭髮變得更加柔軟，當時幾乎沒有頭髮柔軟的人偶。此外，將人偶的頭髮漂白，染上各種顏色，將臉加上實際凹凸的削製作業也是非常辛苦，一部分用黑色等暈染，由於有將其加以熱處理的方法，就變得能大量生產。這些改良法通過香港公司獲得日本公司的認可。人偶最後出口到了美國，工廠發展順利，發展至聘用約一百五十名員工之程度。從業員幾乎都是漢人，一百五十人中半數是正式員工，其餘的是臨時工。

菊　池：日野三郎（中文名字為林瑞昌）的長子林茂成先生，在他父親樂信被槍決後，也經歷了千辛萬苦吧？雖然成為國小老師，但聽說因受到外省人教師「刁難而辭職」，其後工作的公司是與不動產相關的公司吧？

林昭明：是木材相關的業者，不是不動產。是為採伐山上政府出售給民間的檜木等木材寫申請書之類的工作。……日野三郎被槍決後，林茂成因為是他的兒子，所以受人刁難。比方說，當時還沒有通公車，家住角板山每天要通勤至桃園或臺北。每天都要走路去，很辛苦。因為是日野三郎的兒子，就受到外省人刁難。林茂成是代課老師，命令他轉任到沒有鋪修道路的遠處，讓他無法通勤，逼迫他辭職。「白色恐怖」時，警察因林茂成是日野三郎的兒子，就說他「思想惡劣」，讓他轉任至偏僻得無法通勤之地，再問他「你打算怎麼辦？」無法照顧自己的家，在體力上也難以支撐，最後不得不辭職。這就是國民黨的作法，就這樣把人淘汰。

和　夫：刁難人。……說他的父親是「大陸的間諜」、「共產分子」、「日野的孩子」而被欺負。林茂成先生擔任國小老師時曾經教過我。當時，我還不會講北京話，所以我們都講日本語。後來突然來了一群大陸的人命令我們「不要講日本語」、「要講北京話」。

林昭明：他們對臺中師範學校的學生，向跟我差不多歲數的人散布謠言，說：「林茂成轉學到臺中師範學校，灌輸了思想教育，加入了共產黨。」然後，將臺中師範學校畢業的人故意調任至遙遠的地方，進行刁難，最後以「與共產黨有關係」的莫須有罪名逮捕。

菊　池：林茂成先生是從臺灣的師範學校畢業的嗎？

林昭明：不是，從臺北的建國中學畢業後，就成為代課老師。當時，有許多代課老師。在日野三郎的要求下，政府設立了以特別培養山地教師為目的的簡易師範科。由此畢業了很多人，第一期、第二期、第三期、第四期，共有四期左右吧。之後，廢止改成普通的師範學校了。

二、對臺灣原住民的稱呼與角板山泰雅族的起源

菊　池：迄今為止對於臺灣原住民的稱呼有「高砂族」、「高山族」、「山胞」、「山地人」、「山上的人」、「原住民」、「少數民族」等許多種，而且還尚不能統一。林昭明先生也使用了「高砂族」、「原住民」、「少數民族」等稱呼。關於稱呼您是怎麼想的呢？「高砂族」是日本殖民地時代的歧視稱呼，也聽過不要使用為好的說法，您又是怎麼想的呢？

林昭明：「高砂」在日本是吉祥話吧？我的想法是，作為固有名詞，「高砂族」這樣的

稱呼還是可以的。「高砂族」真的是日本人的歧視用語嗎?雖然此前被稱作「蕃人」而被歧視,但以泰雅族的抵抗運動霧社事件為契機(迫使日本採行融合政策),由日本軍命名為「高砂族」,我好像有在哪裡讀到過。「高山族」是陳儀命名的,因為「砂是無法堆積而上的,這不合道理。」所以廢止「高砂族」,改稱「高山族」。

對於「高山族」、「山胞」、「山地人」的稱呼,我感到非常不愉快,但「高砂族」還是可以的。因為,不僅是現在住在平地從事漁業等的平埔族,泰雅族原本也是以鹿港為中心,在臺中平原活動,住在平地的河川流域,是由於外來民族,才逐漸被趕到山上去的。最早,荷蘭以熱蘭遮城為中心傳教,而後閩南人與客家人等漢人(現在的本省人)也前來務農,泰雅族為了開發山地,需要鐵製品,於是與漢人以物易物,一開始並沒有問題。但是,漢人開墾農地時,因為想要擴大規模而破壞森林,泰雅族是守護森林的,於是泰雅族與漢人的糾紛不斷。結果,泰雅族不得不退讓,從平地到丘陵、從丘陵到低山,甚至不得不進入深山。我五代前的祖先首先抵達霧社,然後分成兩群,一八〇〇年左右,來到現在居住的角板山。所以「山胞」不正給人一種我們從一開始就住在山地或高山這樣的錯覺嗎?實在是很過分。

雖然我也使用現在「原住民」這樣的稱呼[6]，但這個也不太好。因為有菲律賓的「原住民」、夏威夷的「原住民」、非洲的「原住民」等等，有很多。只用「原住民」無法分辨是哪裡的原住民，是相當抽象的。「臺灣族」的話我也不介意，外省人、閩南人、客家人、少數民族，大家一起稱作「臺灣族」，因為平等所以可能不錯，只是這也會變得無法個別區分。臺灣也被稱作「蓬萊島」，「蓬萊」這個稱呼也有吉祥的意思，可以的話，我認為將臺灣的少數民族稱作「蓬萊族」是最好的。

菊　池：剛才提到了關於泰雅族的起源、移動，在您所知的範圍也可以，請再詳細介紹一下。

林昭明：泰雅族是由中國大陸來的，在臺灣的少數民族中是最有歷史的。最初的發祥地為高加索山脈，在黑海周邊，後來向東移動，在長江合流後，北上至黑龍江周邊生活，然後移動到臺灣來，在鹿港登陸，向臺中平原的沼澤地發展，之後移動至丘陵、低山，在荷蘭、鄭成功來臺後，被趕至深山，在北港溪擊滅了追擊者。大約一百年前，泰雅族開始向北方移動，在地域的分布上也開始擴大了。在往北方移動之際，有三位領導者，分成了賽考列克、澤敖列、太魯閣[7]三個系統。角板山的泰雅族被稱為「純泰雅族」，與太魯閣族在語言上雖然可以相通，但也有不同點。泰雅族有三個系統，但（角板山的）賽考列克系統向「奇萊山主峰→立霧溪→森林→平地→復興溪」最上流的合歡山方向移動。

三、清朝劉銘傳的統治與角板山泰雅族的組織架構

菊　池：關於清朝時期與泰雅族的組織架構又是如何呢？

林昭明：頭目的兒子如果頭腦不好或者沒有能力，是不能繼任的；但如果頭目的兒子有能力，自然就能繼任，大家都會贊成吧，因為平時就可以彼此看出為人好壞或者是否有能力、是什麼樣的人物。雖然是清朝末期的事情，我的祖父（或許是指曾祖父）是總頭目，總頭目也是透過民主的協議選出來的，也就是說並非世襲，沒有能力的話，就算是總頭目的兒子也無法繼任。

澤大嵙崁前山鎮，當時是大溪郡番地角板方面區的甲級監視區。當時甲級由警部、乙級由警部補主管。「Yuwhbun」（泰雅族語中「河中沙洲」之意思）設有派出所，Yuwhbun現在寫成「優霞雲」。雖在此設置了據點，但還是以總頭目為主處理對外的問題，謀劃政治同盟與戰略、作戰等事宜，其下有頭目，召開頭目會議、部落聯盟會議等。其下還有小頭目，處理自治共同體內部的問題。

在日本統治初始，泰雅族有二十四個部族，是被稱作gaga的共同體基本單位。這也有分大中小，小部落是二十到三十戶（一戶的家族人數約五人），中部落是四十到五十戶，大部落有八十到一百戶。各個 gaga 的領導者就是頭目，gaga 是自治團體／勞動合作團體／共食團體，也像是原始共同體時代的qutux litan（狩獵團體）。gaga 聯合起來，就成為部落聯盟，而舉行頭目會議，統括處理整體事務的就是總頭目。在Hbun（或許指的是Yuwhbun）形成了聯合幾個村子的部落聯盟。這樣的gaga發祥於合歡山時代。共食團體，就是將牛肉、山珍等分給團體全體成員。如果從其他的 gaga 收到了東西，作為回禮，要送上布或衣服。布匹或貝殼等，發揮了貨幣的功能。

菊　池：清朝的巡撫劉銘傳時代又是如何呢？

林昭明：清末，巡撫為劉銘傳[8]，總參謀為林維源[9]。他們燒山開墾，將之變為茶園，結果大樹都被燒光了。所以一八八五、八六年起的五年左右，泰雅族與清軍進行戰爭。

之後，日本人來了，提出「把武器拿來，我們就給米」，也就是將米與武器做交換，想要解除泰雅族的武裝。日本到來時，所有的泰雅族開始抵抗。日軍最初攻擊的是臺灣北部，在這裡發生了枕頭山戰役。當時，枕頭山是叢林，沒有道路。臺灣總督府把從泰雅族手中所奪取的土地轉售給三井物產。日本時代，角板山也有水田，一九三一年架設了吊橋，一九三四、三五年左右，在溪口臺建了「感恩報謝」的碑，這些碑在國民黨到來後，被推倒毀棄了。

菊　池：那，角板山的頭目到日本去是什麼時候呢？是一九四〇年左右嗎？

林昭明：是的。……我父親第一次去是什麼時候呢？總共去了好幾次。

和　夫：我祖父也去了。各部落各去一個頭目。

林昭明：不是，頭目是gaga的領導者……。其中也有輔佐頭目的「有力者」這樣的人。

菊　池：好像有一些頭目較為複雜。頭目位於哪個階層呢？頭目有多少人，其範圍又是如何呢？

林昭明：頭目之上有總頭目。成為大頭目，也就是部族長官。

菊　池：部族長官，總共只有一個人嗎？我不太清楚，大頭目與總頭目是什麼樣的關係呢？可以認為是同一個職位嗎？

林昭明：日本統治時代，泰雅族有二十六個部族（從二十四個部族增加而來嗎？），所以有二十六位頭目。部落間結成攻守同盟，其下有被稱作gaga的共同體，然後有部落聯盟。

菊　池：各部族有頭目，領導他們的是總頭目，可以這樣理解嗎？此外，部落聯盟與部族又是什麼樣的關係呢？將部落聯盟聯合起來的是部族，可以這樣理解嗎？

林昭明：有幾個部落聯盟，規模大了以後就成為部族，但是部落聯盟是很廣泛的。這裡的部族是由一個部落發展而來。

菊　池：角板山的部落聯盟只有一個嗎？

林昭明：並不是只有一個。同樣的系統是固定的，有幾個村子的聯盟。有各種關係所以不能一概而論。……在劉銘傳的清朝末期，這個聯盟可以無限地擴大。比方說，我的祖父是總頭目，是大嵙崁前山群的總頭目，從北部移動而來的岡斯〔カンス〕系、大嵙崁山後山〔ホウサン〕鎮、大嵙崁前山群從頭戈魯〔トゲル〕山以北。……在那裡有個坑道，以此為界，其範圍為前山群。

菊　池：我想問的是，有總頭目，也有頭目，那部落聯盟長的地位是在頭目之上，還是在頭目之下呢？

林昭明：gaga 像是一個自治團體，其領導者為頭目，負責處理內部的自治問題，大的問題就交給大頭目、總頭目處理。在召開頭目會議時，要上臺進行演說。比方說，總頭目在發生政治問題時，要裁決政治、軍事問題，並締結攻守同盟。所以原則上與頭目內部的問題沒有關係，只在無法處理時負責處置。總頭目負責處理對外的問題。比方說，某個勢力擅自進入我們的領域，必須馬上驅趕出去，為此就要召開重要會議來決定作戰與戰略等等，所以也有與日本發生衝突的事。部落聯盟的領導是頭目，這是中間的攻守聯盟，所以在部落聯盟底下有小同盟與小頭目。部族聯盟決定部族間的友好等事宜。……幾個部落統整起來的意見，由各頭目為代表帶到頭目會議進行討論。部落聯盟的對象是清朝或日本的時候，頭目會議就處理不了，這個時候總頭目就會出面。

菊　池：gaga 是以共同體為基本單位的，其構成可以認為是與共食團體及狩獵團體一樣的嗎？

林昭明：幾乎是同樣重疊的，共食團體被稱作 nniqan……。nniqan、qutux nniqan。qutux 指的是一個的意思，qutux nniqan 也被稱為犧牲團體。比方說，結婚的時候，就會互相交換彩禮。彩禮是牛肉、豬肉，或者是其他山珍，也有被稱作 pintoan 的「貝珠衣」（縫有一些白貝珠的衣服，可以用來買豬或牛），與貨幣有相同的作用。當對方帶東西來的時候，就由 qutux nniqan 來分配。比方說，我的女兒嫁出去時，從男方那裡拿到類似於「結婚禮金」的 Sapat，但是並不是錢，而是肉之類的東西，大家一起分配。因為由這個團體來分配，就稱作共食團體，不會被新娘的家族獨佔。然後，嫁女兒的我和共食團體也會帶著織布等，作為禮品送給對方。

菊　池：把這些物品作為回禮嗎？

林昭明：共食團體也有，作為禮物。因為是這樣的團體，所以在經濟生活上也會互相支援。這是作為一個自治團體所發揮的機能。但是，政治屬於對外關係，所以不太一樣。

菊　池：對外問題的時候不太一樣。

林昭明：所以也會作戰。比方說，從清末到日本時期，其範圍變得更加廣大，小頭目是應付不了的。

菊　池：如此一來，擔任總頭目的林昭明先生的曾祖父瓦旦・悉阿莰〈ワタン・シアツ〉到底發揮了什麼樣的作用呢？

林昭明：對於「外族」，代表部族必須與其他部族聯合起來對抗。日本和之前的劉銘傳部隊都是「外族」。劉銘傳是越過有坑道的蕃界，以「歸還蕃人住的土地」的名目來的。一開始，率領了三個大隊或四個大隊，有士兵兩千名左右，越過坑道往枕頭山的方向前進，然後對泰雅族的原住民們說：「把你們的武器拿來交換米」或者「什麼都可以交換」。這是個陰謀。最後命令：「不可以踏出柵欄以外一步」。……之後，他們持續深入泰雅族的領地。當然，泰雅族也反擊了，聯合起來把他們全部趕出去了。當時我的祖父（曾祖父）將對方打退到大溪，清朝劉銘傳的軍隊陣亡了許多人。這是從清末，一八八五、一八八六年開始的歷史事實。

菊　池：「蕃界」又是什麼呢？

林昭明：「蕃界」指的就是不適用清朝律法之地，也就是少數民族的領地。平地人伐木而耕作對吧。與其相反，山上的人為了狩獵而保護樹木。其邊界就是「蕃界」，泰雅族語稱之為「阿多阿酋卡（アトアギュカ）」。蕃界生長著一種像是芒草的植物，但芒草沒有刺，而這種植物是有刺的。我不清楚這種植物正式的名字。但平地人還是想越過邊界，侵犯我們的領地，伐木耕作。

菊　池：在邊界發生了紛爭對吧？

林昭明：鄭成功所屬的王朝敗給清朝，但如果清軍進入沒有道路的地方，就會被泰雅族殺掉。

和　夫：那時的泰雅族野戰能力很強。沒有道路的地方，平地人是不習慣的，泰雅族平時就在狩獵山豬，所以很習慣。

菊　池：因為是叢林吧。跟現在不同，因為沒有道路所以可以發揮游擊戰的威力。……那，「山豬」和豬是不同的吧？

和　夫：山豬也是豬，但養在家裡的是普通的豬。

林昭明：很驚人的，當時從坑道開始到枕頭山為止全都燒掉了。說是「為了開發」，就全部燒掉了，劉銘傳燒了山之後開墾。

和　夫：所以，那一帶就沒有大樹了。

林昭明：是的，沒有了，但有楠木（**照片二十二**）。那個時候，採樟腦很盛行。……三峽的山也全都被燒完了，從臺北就可以看見。採到樟腦後就砍伐楠木，種植茶樹，或者是種植葉子可以拿來染色的樹木。此外，還開採煤炭。

菊　池：那一帶挖得到煤炭是嗎？

林昭明：臺北州有海山煤礦（三峽），然後在慈湖那一帶也有煤礦，煤炭值錢。這一帶有農作物與茶等，也有

照片22　燒山時，為了採樟腦而將楠木排除在外，或者是後來種植的。角板山今日也可見剩下的楠木（筆者拍攝）

像煤炭這樣的地下資源。

和　夫：本來「山胞」是不喝茶的吧。

林昭明：不喝茶，「山胞」喝水的。

四、日本殖民地時代

（一）日本的土地掠奪

菊　池：被日本掠奪土地，具體是什麼樣的情況呢？

林昭明：日方由三井物產出資討伐我們，由於臺灣總督府的政策，我們的土地在不知情的狀況下，轉售給出資的三井物產。於是即便我們想要回去，土地也已歸三井物產所有，我們因此不得不被迫移居，由三井物產出資給每一戶幾塊錢。於是，即便想要回去，家和土地都沒有了。在不得不移居的情況下，不管如何都必須得「安置」，結果被從志繼趕出來，在遷移中考慮糧食與生活之後定居下來。……但如此一來，就有與其他部族合併的可能性。只是，部族代表會若有其他部族加入，部族與部族間就有可能合不來，因為危險而分散勢力，由於其他部族也想派出代表，就會產生問題。

（二）霧社事件

菊　池：霧社事件時，北部泰雅族又是如何行動的呢？

和　夫：以前太魯閣族雖被分類為泰雅族，但現在已經是其他民族了。霧社事件當時，被歸類為泰雅族的太魯閣族原本想到南投縣霧社進行支援，花了一個月計畫，正在準備的時候，由於事件早早結束，所以沒有能夠實現。

林昭明：霧社事件時，北部的泰雅族並沒有行動，理由是因為日本的「授產」政策成功吧？日本人教給北部泰雅族稻作等農業、以及造林等技術。

（三）高砂義勇隊

菊　池：高砂義勇隊相當有名，與中日戰爭的關係又是什麼呢？

林昭明：幾乎沒有在中國大陸進行戰爭。臺灣少數民族的少壯青年，主要被送到南洋，雷伊泰、新幾內亞、瓜達康納爾、緬甸等地。少數民族很擅長游擊戰與山岳戰，就算沒有帶上食糧也能夠設法活下去，就算沒有水，也知道如何從草的莖等處獲得水分補給，並將這些知識傳授給日軍。此外，少數民族在戰場上是非常勇敢的，因為他們認為展示出勇敢，就可以提升少數民族的地位。換言之，也是為了子孫。在少數民族中有為數不少的泰雅族，但少數民族十人中只有一人能夠活著從南洋回到臺灣[10]，實在太可憐了，是悲傷的事情。

菊　池：新幾內亞以糧食不足而著名，高砂義勇隊在供應食糧上大顯身手，具體的情形可以告訴我嗎？

林昭明：用槍捕捉鱷魚，因為鱷魚的鱗片很堅硬，所以要朝著胸部打。還捕捉蜥蜴、老鼠、鳥等。那一帶還有鴕鳥，因為是體型大的鳥，作為食物是很寶貴的。當時，沒有吃的東西。沒有食物的時候，隊長大概知道其狀況吧，就命令「把這個（人的遺體）當成肉帶著。」新幾內亞與其他島相同，能夠充當食糧的動物並沒有太多。但有鱷魚喔，我的叔父到那裡去的時候，吃過鱷魚。還有鴕鳥、蜥蜴，老鼠在哪裡到處都有。鴕鳥體型很大，而且奔跑速度也很快。

菊　池：不太好捕捉到吧。新幾內亞有鴕鳥是嗎？

林昭明：好像是有的（並不是鴕鳥，很可能是指 assowary，也就是「食火雞」）。聽說還捕捉到許多蜥蜴。鱷魚胸部相當柔軟，所以要瞄準那裡才行。

菊　池：用吹箭或弓箭嗎？

和　夫：用槍喔，鱷魚皮是連子彈都打不穿的。

林昭明：不過肚子那一面就很柔軟，也有大型的蜥蜴，把這些當成食糧來補充。

菊　池：我大致了解了。就算像這樣捕捉動物，也並不是經常能捕捉到，有大量的日軍軍隊，這些是緩不濟急的，於是就陷入飢餓狀態了吧。……剛才也提到了一些，在新幾內亞有吃人肉的傳聞吧。

林昭明：有人吃，也有人不吃。

菊　池：高砂義勇隊是作為獨立部隊而存在的嗎？

林昭明：當然大部分都是一個部隊那樣的組織，但好像也有每小隊分配幾名，大概四到六名的情況。也就是說，高砂義勇隊並不只是以一個部隊而組成，也有分配到各部隊五、六名這樣的情形。「山胞」是非常擅長山岳戰的。

和　夫：曾聽臺東的原住民這樣說過，對付美國士兵，「山胞」就算用弓箭也能戰鬥。

菊　池：以前，綠女士曾說過「泰雅族大叔們的腳掌都很大，吃了一驚」這樣的事情。也聽說過在新幾內亞戰線是赤腳走路，不發出聲音而與敵人進行近身戰。那麼，女性雖然沒有參與戰爭，但腳掌也是很大嗎？

林昭明：當時，泰雅族的男性，大家都是赤腳走路的，所以腳掌逐漸變大，皮也變厚。女性不太在山裡走路，只有去採水果之類的，因此並沒有變得那麼大。

（四）傳統的醫療與樂信・瓦旦的山地醫療活動

菊　池：關於傳統的醫療以及與「巫師」間的關聯，能夠告訴我嗎？

林昭明：「巫師」可以治療疾病，施行巫術的主要是女性，男性也有，但很少。使用瑪瑙珠等道具，將切割過用來製作弓柄的細竹放在上面，再加上一根竹子（沒有切割過）組合成一個「T」字，然後固定在地毯上，在竹子的凹槽中放上直徑一公分左右的小瑪瑙珠。之後詠唱咒語，瑪瑙球就會自然轉動起來，如果沒有落地的話就用「好運氣」來治療。落地的話不行，要為此詠唱咒語。如果還是沒有好轉的話，「巫師」會說「被惡靈附身了，然後，必須要準備些供品。」要求土雞、織物、豬或者牛之類的。

菊　池：這樣的供品是要給誰的呢？是給占卜的「巫師」吧。

林昭明：給神靈。當然實際上是「巫師」拿走了。也有依然治不好的情形。

菊　池：這樣的人有很多嗎？

林昭明：如果說誰都能成為「巫師」，倒也不是這麼回事，必須要學習咒語，有負責教導的人。……我的母親就曾經做過這件事。我祖母是「巫師」，所以將這些教授、傳承給了我母親，然後我的母親又傳承給自己的兒子，也就是我。所以，我是知道這些的，看過瑪瑙珠，是純白的瑪瑙，磨成球狀的。……我呢，小的時候，在天還沒有完全亮的時候，走到半路上，聽到了不知道是什麼的淒厲聲音，被「鬼」嚇到了。我失魂落魄地跑回家，母親問我：「怎麼了？」我就把所發生的事情一五一十地說了一遍，然後母親就哄我睡，握著我的手，拿著我的衣服說：「請召回來。」然後，魂魄就被召回來了。母親微笑著說：「已經沒問題了。」我也心想：「哇，治好了。」因為當時是小孩子，真的嚇了一大跳。

菊　池：鬼壓床，或者說是虛脫的狀況吧。「鬼」就是「靈魂」嗎？

和　夫：也有因「靈魂」而發的怪病。

林昭明：施行巫術，就可以治療疾病之事是真的，雖然要說是心理上的問題也可以，但也有非常不可思議之處。

菊　池：也有精神上的問題，所以無法完全否定這樣的事情吧。

林昭明：當時，是沒有醫生的吧。

菊　池：那麼，泰雅族的「天堂」，也就是「'tuxan」到底是個什麼樣的地方呢？

林昭明：在那裡有許多祖先的靈、懷念的人們，是個幸福的地方。有許多鹿與豬，不用為了食糧而困擾，也不用爭奪狩獵區域等，是個很好的地方。

菊　池：對於樂信・瓦旦在醫療上的意義又該如何思考呢？

林昭明：日野三郎成為醫生後，首先去了各部落。因為，日本人還沒有得到原住民足夠信任。日野先生盡力打破迷信，特別在衛生問題上傾注心力，積極撲滅瘧疾、痢疾、流行性感冒、百日咳等疾病。日本時代，有日本紅十字醫院作為後援，此外，也使用簡易師範學院的建築物來實施醫療活動。

菊　池：日野先生是靠著自學成為醫生的嗎？

林昭明：不是的，是畢業於總督府下的臺北醫專，正式地學習醫學。臺北醫專正式的名稱為臺北醫學專門學校，就是今天的臺灣大學醫學院。

和　夫：醫生只有宇津木醫生（泰雅族）與日野先生兩個人吧（**照片二十三、二十四**）。

23

24

照片23
右為日野三郎（樂信・瓦旦），左為宇津木一郎（哈勇・吳松〔バジュン・ウスン〕）（林茂成提供）

照片24
樂信・瓦旦夫妻與宇津木一郎夫妻，二者的妻子皆為日本人（林茂成提供）

林昭明：本來部族頭目的兒子也想成為醫生。但後來因健康狀況惡化，於是就放棄成為醫生了。

和　夫：因為只有日野三郎一個人了，要在原住民當中再找一個，所以讓宇津木先生當了醫生。日本的政策是政治性地利用這些人，如果有習得醫學技術的人，就可以阻止「山胞」用巫術來治療疾病。

菊　池：「破除迷信」，也就是近代化政策吧，對於解決衛生問題是有效的。

林昭明：用新的醫學來治療疾病，這在日本統治的政策推行上，帶來非常大的影響，除了治療疾病外，也會好好聽從醫生的話。比方說，哪裡的部族正在反抗，為了說服他們，日本人首先要找的就是日野三郎這樣子的人，因為大家被信任他們，日本人就是直接對話也是沒人會聽的。……結果，就能夠適應文明社會的教育了。

和　夫：這就是「以蕃治蕃」。

菊　池：近代醫學的傳入，成功地治癒了許多具體的疾病是嗎？

林昭明：瘧疾、風邪之類的都能夠治療。當時，痢疾還沒有藥，所以要用浣腸，沒有直接的特效藥。此外，被蛇咬的時候，就需要血清。有的血清只能在臺灣製造，因為有蛇毒，血清是從毒蛇中提取的。

菊　池：紅十字醫院在日本殖民地時代的臺灣就已經有了嗎？

林昭明：有的。

五、有關角板山的現狀

菊　池：關於角板山，還有想要請教的問題，這裡原本是泰雅族的領域吧？但漢人的數量是否已經增多了？戶數、或者是人口比例大概是多少呢？

林昭明：這裡是桃園縣復興鄉澤仁村，舉個例子，（一九九九年）相對於復興鄉全體七千人的泰雅族，漢人有四千人以上。但如果僅限於澤仁村的話，已經是逆轉過來了，相對於泰雅族兩百人，漢人達到了四百到五百人。泰雅族在全臺灣有八萬人，排在阿美族後面，是人數第二多的少數民族。

只可惜人口無法增加，這也是有原因的。泰雅族的姑娘很受歡迎，與外省人或臺灣人（本省的閩南人、客家人）青年結婚的情形增多，因為戶籍屬父系，所以就被納入外省人、臺灣人的戶籍裡了。有的姑娘也希望這樣，因為這樣孩子就不是泰雅族，而變成漢人了。反過來的例子就沒有，也就是泰雅族青年與外省人、臺灣人的姑娘結婚的例子很少見。順帶一提，雖然臺灣總人口達到兩千一百萬人，但少數民族只有三十五萬人，僅占了約百分之一點七。只是呢，雖說是漢人，但也融入了泰雅族等少數民族的血脈，以混血的形式來說，也可以說少數民族增加的數字大於統計數字。

菊　池：儘管國民黨曾造成非常苦難的歷史，但為什麼原住民還是加入國民黨，而且在選舉中也支持國民黨呢？

林昭明：這個理由有很多，比方說少數民族很難成為公務員或教師，如果運氣好能夠成為公務員或教師，但要成為主任等，在職場上出人頭地是很難的。所以，為了生活安定或者提升地位而成為國民黨員的人就多了。此外，在選舉時，為了能夠馬上將意見反映在政治上，由國民黨提名的人也很多。雖然也有由民進黨提名或無黨無派的參選者，但其數量極少。[11]

菊　池：聽說在戰後，原住民在宗教信仰上，幾乎都是基督徒，是這樣子的嗎？

林昭明：少數民族幾乎都是基督徒喔。過去，來自比利時、荷蘭、以及耶穌會等的傳教士熱心地進入部落傳教，他們也會說泰雅族語，非常地熱心。日本時代信仰天皇，基督教信仰耶穌，而我們泰雅族信仰祖先，「天為太陽、地為水」，也就是認為太陽與水是生命的源泉。所以即便是時而天皇，時而基督，泰雅族是將天皇、基督與「太陽」疊合在一起來祈禱的。即使時代發生變遷，但對祖先、太陽、水的信仰是一以貫之，不曾動搖的。[12]

菊　池：在不久的將來，或者是未來，期望這個世界變成什麼樣子呢？

林昭明：各民族不僅對於自身的民族與文化，對於其他民族與其文化，也能夠保持尊重，少數民族的固有文化與自治應該要得到承認。從一開始就想要融合是辦不到的。「不談論族群權益就沒有族群融合」。在臺灣，直到最近才開始認同多元文化的意義，主張保護扶植少數民族文化，但太遲了。五十年前開始的話就好了，現在都已全部忘記了。

主流民族文化與少數民族文化並非聽從單方面的命令，而是基於接觸，進行新文化的組合和部分淘汰，這是好的。也就是說，以平等的形式，相互學習發展文化的態度，我想是很重要的。在遙遠的未來，結果也許人類會越過民族之分而成為一體，但喪失了民族特性，完全融為一體的話，或許會很乏味吧。

本章註

1 《興南新聞》為殖民地臺灣所出版的新聞，對於日本的批判，是極其克制的，所以在理解時必須要打上折扣，但作為當地所出版的新聞來考察「高砂族」時，在一定程度上是可以利用的。根據《興南新聞》（一九四二年八月十七日），在一九三〇年霧社事件發生後，爆發了各種大小事件，但最後在一九三三年四月高雄州的兩百名卑南族歸順並皇民化後，不管是怎樣的僻地，也都聽得到「君之代」與「國語（日語）練習」的聲音。

2 林昭明的說法如下：臺灣的原住民族在一六二四、二六年荷蘭與西班牙在臺灣設置殖民地據點之前是「臺灣唯一的主人」。其後四百年以來，都視為受外來殖民地政權的統治壓迫時代，「在荷蘭、西班牙人之後，是中國漢族鄭成功王朝、滿清政府、日本帝國、國民黨政權依次進駐到臺灣」（林昭明，同前〈臺灣少數民族的解放運動〉，收錄於《二十一世紀東亞平和與人權》）。包含了戰後的國民黨，描述受到了接踵而來外來民族的支配，這是由泰雅族的立場所見之臺灣史，作為重要的史觀，這樣的見解當然是成立的。

3 出身於臺灣的蔡孝乾曾赴延安，一九四五年八月，中共中央任命他為「臺灣省工作委員會」書記並派遣至臺灣。蔡孝乾的任務為集結臺灣的勞工、農民、革命知識分子，與人民解放軍共同取勝解放臺灣，另外一個活動為「高山族」組織化。一九四九年十月開始至一九五〇年二月蔡孝乾等人被逮捕。蔡孝乾、陳澤民等人由於投誠而被釋放，臺灣籍的兩人被槍決，另有外省人、臺灣人各兩人被判處十五年徒刑。蔡孝乾總括「對高山族工作」為「失敗的」，供稱「因為將與平地相同的方法帶到山上，他們思考單純、生活簡單、很現實，不慣於保守秘密之事，沒能把握住如此特性，所以也無法煽動他們的政治意識」。但從因為蔡孝乾自白、投誠而受到很大傷害的原住民來看，關於「高山族」特徵的發言，恐怕是讓人無法接受的吧。儘管如此，但它多少可以作為中共在「高山族」組織化上並不成功的旁證。此外，蔡孝乾在投誠出獄後的一九五〇年五月，也透過廣播向省民「懺悔」自身的行動。蔡於一九八二年辭世（中村ふじゑ〈阿里山麓のツオウ族の村を訪ねて〉（下），《中国研究月報》第五二二號，一九九四年二月）。中村ふじゑ的這篇文章雖為訪談報告文，但是在有問題意識下進行訪談調查，由鄒族來探討「山地工作會委員案」，可以作為參考。

4 謝雪紅（一九〇一－一九七〇）的簡歷如下：出身於臺灣彰化，十二歲父母辭世，過著貧窮的生活，十七歲成為製糖工廠女工，後前往日本，做生意並學習日語與漢文。一九二一年，在臺灣文化協會參加了識字運動與婦女啓蒙運動。一九二四年，進入第一次國共合作下兩黨合辦的上海大學就讀，再赴莫斯科東方大學學習。一九二八年，在上海組織臺灣共產黨，遭到日本警方逮捕，強制遣返臺灣。其後持續活動，但一九三一年，由於全島性對於臺灣共產黨的搜索而被逮捕，判處九年徒刑。在日本戰敗後的一九四七年，二二八事件之際，三月二日在臺中的大會擔任主席。三日，設置了臺中地區治安委員會總部，作為二七部隊的總指揮。九日，在國民政府軍登陸之際，逃亡至香港，組織臺灣再解放同盟。之後，迅速移往上海，組成臺灣民主自治同盟。一九四八年，以其主席的身分進入「中共高層」（或指人民政治協商會議）。一九五七年成為中共的肅清對象。一九六八年，在文化大革命中，被紅衛兵激烈毆打。一九七〇年，因肺癌辭世（吳密察監修、遠流臺灣館編著，橫澤泰夫編譯，《臺湾史小事典》，中国書店，二〇一〇年增補改訂版，第一九八頁）。

5 作為支援基金會的「林氏學田」，也可以認為與過去的林本源有某些關係，但尚沒有定說。

6 一九八四年末，臺灣以原住民族知識青年為中心，創立「原住民權利促進會」（也就是所謂的「原權會」）時，第一次不使用其他人所強加的名稱，自己決定了「原住民」這樣的名稱（中村ふじゑ〈阿里山麓のツオウ族の村を訪ねて〉（上），《中国研究月報》第五五一號，一九九四年一月）。只是林昭明對於「原住民」這樣的名稱似乎不太滿意。

7 太魯閣系統為花蓮太魯閣周邊的原住民。目前，在學術上已被分類為與泰雅族為不同民族，是否為泰雅族的基準可以從語言、出草或紋面等風俗、文化上區別出來。

8 劉銘傳（一八三六年九月七日－一八九六年一月十二日）為清末軍人，洋務派官僚。一八六二年，參加李鴻章之淮軍，鎮壓太平天國。由於戰功而成為直隸總督。一八八四年清法戰爭時，奉命防衛臺灣，擊退了法軍。一八八五年，臺灣由福建省分離出去，新設了臺灣省，劉就任首任臺灣巡撫，整頓行政、稅制、鋪設鐵道、電報線、開發礦山（煤務局等）、開辦學校，以及為了防衛而建構砲臺，發揮了作為洋務派官僚的手腕，推進了臺灣的近代化。但是，由於財政負擔激增、官僚貪污腐敗等等，引發了民眾的反彈（德岡仁〈劉銘伝〉、山田辰雄編，《近代中国人名辞典》，霞山會，一九九五年，第五一三至五一四頁）。洋務派的劉銘傳推動了臺灣的近代化並擴充基礎建設，可以認為臺灣是以此為基礎，在日本殖民下繼續進行近代化，雖然這並非本書主題，但釐清雙方的關聯、連續與斷裂、共通性與差異，是相當重要的研究課題。

9 林維源（一八四〇年三月二十一日－一九〇五年六月十六日）富商、大地主、官僚。是清末臺灣大地主家族「林本源」的中心人物。劉銘傳就任首任臺灣巡撫時，捐納了五十萬兩，取得內閣侍讀等官位，協助洋務運動，作為臺灣全島「開山撫番事業」的負責人，全臺撫墾局設置於大嵙崁。使得「林本源」的所有地增多、而且透過生產臺灣代表性的輸出品樟腦，獲得了非常大的利益。此外，著手於對美國輸出品的茶，在淡水設立貿易公司，成為臺灣最大的茶商。同時也擔任了基隆港建設、由基隆至臺北鐵路鋪設的總辦、督辦。在中日戰爭爆發時，被任命為臺灣團防大臣督辦，作為軍餉，籌款了四十萬兩（栗原純〈林維源〉，同前《近代中國人名辭典》，第四八二至四八三頁）。一說就任「臺灣民主國」議院議長，一說拒絕就任，在臺灣割讓給日本後，逃亡至廈門，並在此辭世。上記林維源的簡歷，由泰雅族的觀點重新探討，可以產生新的觀點。

10 高砂義勇隊因為自身所生長的臺灣環境，所以能適應新幾內亞等叢林，亦不會罹患瘧疾，由藤或者椰子取得水分，就不會罹患阿米巴痢疾，即便罹患也可以馬上恢復。除此之外，很適合游擊戰，有搬運四十斤行李的體力，在尋找野豬、鳥、魚、水果等食物、周圍的警戒、溼地上的鋪床、嚮導等方面發揮了力量（原小隊長・上野保〈第五回高砂義勇隊を引率して〉、收錄於林えいだい編，《臺湾第五回高砂義勇隊－名簿・軍事貯金・日本人証言－》，文栄出版，一九九八年，第二六八、二七七頁等）。《興南新聞》晚報（一九四三年四月二十四日）登載了「當地部隊長」對於「高砂義勇隊」的「超人行動」讚不絕口的新聞，不眠不休地進行地勢偵查、樹木採伐、軍用道路的鋪設，對作戰做出「巨大的貢獻」。他們以戴上日軍的臂章為榮，服從命令，而且比日本人還勇敢，就算搬運要經過敵方陣地也不拒絕，更不如說是自願去完成任務。如此勇猛，所以從「高砂義勇兵」中挑選一百人組成「猛虎挺身隊」，負責對於澳大利亞軍的游擊戰（原主計中尉・矢羽田直夫〈第二十七野戰貨物廠〉，成合正治・第十八軍參謀少佐〈ジャングルの遊擊戦〉，同前林えいだい編，第二九一、三二四、三三八頁）。原小隊長上野保指出「高砂義勇隊」第一至七回共計兩千五百人，其中生還回到臺灣的人數不明（上野保，同前回憶，第二七九頁等）。此外，根據《興南新聞》（一九四二年七月三十一日）報導，為了活用其適應性，臺灣總督府理蕃課正進行計畫，討論將「高砂族」移住至東南亞的日軍佔領地，透過與樺太、北海道的屯田兵制度同樣的形態，讓在日軍管轄下的「高砂族」包含家人約一萬人在當地栽培農作物、永住下來的計畫。

11 現在，臺灣的政治風氣已經產生了很大的改變，捨棄國民黨而支持民進黨的人數持續增加。筆者在二〇一六年三月造訪了蘭嶼，當地的原住民雅美族（現改稱達悟族）也捨棄了國民黨，在總統選舉中壓倒性地支持民進黨的蔡英文（聽說她的曾祖母為原住民）。雖然蔡英文訪問蘭嶼為當天來回，但首次有總統候選人造訪，原住民還是非常感激的。

12 根據緑所說，林昭明是非常熱心常常出入於教會的基督徒，同時在自家也設有祭祀祖先的祭壇。像這樣，看起來像複雜的多神教，但林昭明「對於祖先、陽光、水的信仰沒有動搖」，是位將泰雅族自豪的核心當成心理根基的基督徒。

證言三 黃新輝訪談錄——關於新幾內亞的高砂義勇隊

開篇

隨著對泰雅族研究的深入，筆者無論如何都想要直接訪問高砂義勇隊的相關人士。和夫說「我在新竹中學時期的同學中，有參加高砂義勇隊的人，日本名叫做『山田』（簡福源），他在烏來，對此知道得很詳細，之前想要介紹給你，但是他在去年（二〇〇九年）過世了。然後，我又想了很久，終於想起了黃新輝先生」。

二〇一〇年三月二十日，筆者與和夫、綠夫婦駕車

照片25　黃新輝與筆者

照片26　為了接受訪問，到達公車站的黃新輝（筆者拍攝）

前往黃新輝先生的住家（桃園縣復興鄉三民村），在黃新輝的家中進行訪談（**照片二十五**）。他對當時的情景至今仍記憶鮮明，大概是因其體驗十分深刻吧，見面不久，黃新輝就說「高砂義勇隊的精神就是『只知作戰，不知死亡』」，用這樣的精神戰鬥」，然後將手寫的〈義勇隊之歌〉交給我。（見本章章末）

首次訪談後我與黃新輝還見過兩、三次面，最後一次訪談是二〇一一年三月二十五日。儘管年紀大了走路不方便，但為了與我見面，還是特地搭了公車出門（**照片二十六**），其熱心與誠意讓我由衷敬佩。那時，為了確認內容而再次詢問，因為耳背，所以很難聽懂我的問題，他很悲傷的說了「真是令人著急」。另外還見了一、兩次面，詢問了幾個問題。

之後，黃新輝辭世，我出席了二〇一五年

三月二十二日的基督教（真耶穌教會）式葬禮。葬禮是在里民活動中心之類的地方舉行的，並沒有在日本所想的那麼嚴肅，七十到八十名的與會者穿著各種輕便的服裝。黃新輝非常期待這本書的出版，無法在生前將本書交給他，實在是非常遺憾。

一、黃新輝的簡歷與出征時期的情況

菊　池：您是什麼時候出生的？

黃新輝：大正五（一九一六）年一月四日出生。

菊　池：泰雅族的名字叫做什麼呢？

黃新輝：樂信・尤拉歐（ロシン・ユーラオ）。

菊　池：有日本名字嗎？

黃新輝：叫做「啟田宏」。

菊　池：您與和夫有親戚關係對吧？

黃新輝：和夫的祖父可敏・布亥（コーミン・ブーハイ）的弟弟尤拉歐・布亥（ユーラオ・ブーハイ）是我的父親。也就是說，和夫的父親與我是堂兄弟的關係。

菊　池：可以請教您的簡歷嗎？

黃新輝：我高等科六年、研究科二年畢業後，在農業學校學習了一年，然後在青年中學就讀了三年，在青年中學時，取得了會計資格。去掉農會的期間，一共十二年的學習經歷。青年中學主要是日本人就讀的學校，除日本人以外，包含我只有兩個臺灣人，兩個人都是泰雅族，不過另一位已經過世了。很多人都沒有去學校上過學。

菊　池：那麼，我想要開始此次訪問的目的，也就是詢問關於高砂義勇隊的問題。

黃新輝：在復興鄉，義勇隊的相關人士在三光村還有一個人，但已經過世了，現在還活著的，只剩下我一個人了。

菊　池：黃先生是什麼時候、從臺灣的什麼地方上船的呢？前往的又是哪裡呢？

黃新輝：昭和十七（一九四二）年四月二十六日在高雄上船，當時我二十六歲。從臺灣出發大概花了三天到達馬尼拉，然後前往帛琉。我們所搭乘的運輸艦是由驅逐艦護送的。

菊　池：是第幾批的高砂義勇隊呢？

黃新輝：是第五批高砂義勇隊，正式名稱為「南海派遣猛二六八九部隊第五回高砂義勇隊」。我擔任第五分隊長，在作戰中，成為第三小隊長。角板山的泰雅族有四十八人出征。

菊　池：在帛琉集結後，馬上就投入戰鬥了嗎？

黃新輝：不是的，在帛琉接受了一個月的訓練。義勇隊是第一線的士兵，被分為爆破隊與戰鬥隊。我是爆破隊，接受了一個月的爆破訓練。爆破隊的主要任務是破壞美軍的道路，以及秘密前往美軍儲藏武器的地方埋設地雷、進行爆破等。之後，在新幾內亞作戰，日本陸海軍參戰，屬第十八軍，約有八十萬人，由日本人、朝鮮人、高砂族構成。聽說活下來歸國的只有九千餘人。

菊　池：有多少人在爆破隊接受訓練呢？

黃新輝：從角板山來的有四十八名。

菊　池：高砂義勇隊到最後共派遣了幾批？全部大概有多少人？

黃新輝：七批，共計三萬餘人。比方說，新竹州是第二批高砂義勇隊，我是第五批高砂義勇隊，此前義勇隊的事情我不清楚。從臺灣全島送出了第一批、第二批、第三批、第四批、第五批、第六批、

照片27　位於烏來的高砂族義勇隊的彰顯、慰靈碑（筆者拍攝）

第七批的義勇隊，總計三萬餘人（**照片二十七**）。

菊　池：這個數字只是「高砂族」（後文使用高砂族）嗎？

和　夫：不只有高砂族吧？還包括臺灣人的數字吧？

黃新輝：不是的，只有高砂族。

菊　池：第五批高砂義勇隊總共有多少人呢？泰雅族人數是最多的嗎？

黃新輝：當時的高砂義勇隊共計有八百餘人。泰雅族除了角板山的四十八人以外，還有從新竹、宜蘭等，臺灣中部以北出征的。另外，還有布農族、排灣族等。

和　夫：關於這點，我補充說明一下。泰雅族分布在包含現在南投的臺中州、苗栗、新竹、桃園、臺北、宜蘭等臺灣中部以北的地區，他們也參加了。

菊　池：在第五批高砂義勇隊的八百人當中，生還回到臺灣來的有多少人呢？

黃新輝：八百名當中，生還回來的有……不太清楚。不過從角板山出去的四十八名中，生還回來的僅有七人而已。

菊　池：生還者大概佔百分之十五左右吧。幾乎都在那裡陣亡了吧？……在帛琉訓練之後，前往哪裡了呢？

黃新輝：從帛琉搭乘運輸艦或驅逐艦前往新幾內亞，一九四三年三月二十六日抵達，海軍、陸軍共計十八萬人左右。

菊　池：在帛琉訓練了一個月吧？到達新幾內亞的時間會不會太遲了？

黃新輝：因為在途中所經過的島嶼接受了總共四個月左右的訓練……。在訓練結束後，抵達了新幾內亞，那裡是真正的戰區。在新幾內亞作戰的第十八軍，有日本人、朝鮮人、高砂族……共計八十萬人。

菊　池：沒有臺灣人嗎？

黃新輝：沒有臺灣人。在第十八軍的八十萬人當中，生還回來的只有九千餘人。

菊　池：作戰的對象為澳大利亞軍、美軍嗎？

黃新輝：是美軍，還有「英軍」（或許因為澳大利亞屬大英國協，所以說其是「英軍」）。

二、部隊內的狀況

菊　池：日本兵與高砂隊員之間有矛盾或者歧視問題發生嗎？

黃新輝：衝突之類的事情是沒有的，因為部隊與部隊之間是分開的，高砂族為高砂族的部隊。……在作戰中，也沒有多想這些事情的餘地，什麼也沒有多想，一心一意作戰，總有一死吧？心裡想的都是等待這件事。

菊　池：高砂族的部隊裡完全沒有日本人嗎？

黃新輝：沒有，但是大隊長、中隊長、小隊長為日本人，此外全都是高砂族。

菊　池：對於大隊長、中隊長、小隊長有不滿或者是反對的事情嗎？

黃新輝：沒有這回事，不能反對「日本精神」（大和精神），教導我們最後「只有一死」，無法反對「日本精神」喔。

菊　池：「日本精神」是怎麼解釋的呢？

黃新輝：「日本精神」說的就是「如果開戰唯有一死」吧？

菊　池：我想再確認一下，高砂義勇隊全都是高砂族吧？沒有日本人或朝鮮人、臺灣人是嗎？

黃新輝：大隊長、中隊長、小隊長原則上為日本人，除此之外的隊員全都是高砂族。第一小隊長是叫做山本的軍人，六十多歲的長者，身體孱弱，不太能活動。所以，我成為第三小隊長後，第一小隊長的山本體力不支時，就由我來代理。

菊　池：當時，除了日本人之外，其他人很難成為小隊長是嗎？

和　夫：是因為黃先生有學歷吧？當時，青年中學為日本學校，能夠進入就讀的泰雅族人非常少。

菊　池：山本小隊長最後怎麼樣了呢？

黃新輝：山本第一小隊長在戰後回到新竹，在那裡道別後就再也沒有見過面了。

菊　池：小隊長也生還回來了，太好了。完全沒有臺灣人，意思是說現在的本省人嗎？

黃新輝：對，很少。但是，他們不是高砂義勇隊，本省人沒有參與作戰，在戰區的後方，栽種讓軍隊食用的蔬菜、做飯等，不太喜歡作戰的樣子。我們都認為他們是「膽小鬼」瞧不起他們，他們或許也瞧不起我們吧。……有一位本省人捲入戰鬥陣亡了。

三、高砂義勇隊的武器裝備

菊　池：武器方面又是如何呢？

黃新輝：武器有步槍、刺刀，還有兩顆手榴彈，其他什麼也沒有。手榴彈一個是作戰用的，一個是自殺用的。

菊　池：一個是「萬一的時候，用來死的手榴彈」，也就是自殺用的。有帶著泰雅族的蕃刀之類的嗎？

黃新輝：當然帶著蕃刀，但是那並不是武器，不用來作戰。……蕃刀是為了砍除草木開道、還有為了取得木材，砍樹時使用的。……美軍擁有高性能的槍與大砲，蕃刀是無法一爭勝負的。

和　夫：遇到美軍，用蕃刀作戰也是在所難免的吧？

黃新輝：其實，我帶的是日本刀。

和　夫：日本兵將日本刀送給黃先生。日本刀很薄，與蕃刀的質地不同。

菊　池：那麼，蕃刀又是如何製造的呢。

和　夫：蕃刀是在臺灣人的打鐵舖製造的。

菊　池：日本刀有辦法重新鍛造成蕃刀嗎？

黃新輝：日本刀變成蕃刀是絕對辦不到的，因為完全是不同的東西，日本刀有特別的製造方法。

菊　池：蕃刀大概有多長呢？

黃新輝：三尺左右。

菊　池：九十公分啊。還蠻長的。大概有多寬呢？

黃新輝：很細。……放在桃園了。下次菊池先生來的時候，我再帶來讓你看。比起日本刀，還是蕃刀比較好砍竹子。

四、糧食問題

菊　池：我曾聽說過有非常嚴重的糧食不足問題，實際上又是如何呢？

黃新輝：並沒有到非常嚴重的程度。……一開始，日軍準備了一個月的米，帶著許多米到了前線，但是全部被美軍炸光了，沒有米了。沒有辦法，只好拿當地居民的木薯或者香蕉來吃。日軍一到，居民就逃往山中，所以就把木薯拿過來了。

菊　池：當地居民不抵抗嗎？

黃新輝：居民全都逃走後，偷來的。因為日軍進行了徹底的宣傳，被偷了也不會反對。……然後，在大小河畔，進行過五次大型的戰鬥。其他還有許多小型的戰鬥。大約持續作戰了三年。

和　夫：因為沒有糧食，偷走「土人」所種植的木薯來吃對吧？比起日軍，「土人」對於美軍更加反感，所以木薯被偷走也沒有怨言。

菊　池：食物除了木薯、香蕉以外，還吃了哪些東西呢？

黃新輝：因為日軍配給了刺刀，用步槍打鳥或山豬，作為食物。我一共獵捕了三十八頭山豬。

菊　池：在狩獵山豬時不使用蕃刀嗎？

黃新輝：不用的，因為有步槍……。不過山豬並不只用步槍，用陷阱也可以獵到。部隊的人吃，日本人的隊長也吃。

菊　池：聽說食物不足時，也會吃人肉，這是真的嗎？

黃新輝：這是很有名的。……大家肚子都很餓，沒有食物，可以吃的東西就只有人的肉了，所以日本兵就吃了美國兵的肉。將動物的肉與美國兵的肉混在一起煮著吃。有時候也混了被美軍殺死的日本兵的肉。切下戰死的美國兵的肉、日本兵的肉，跟山珍混在一起用鋁製飯盒煮著吃。

菊　池：並不是戰死，我聽到的是「將美軍戰俘殺了吃」，有這樣的事情嗎？

黃新輝：只吃已經死掉的人喔，也許有這樣子的事情也不說一定。隊與隊不同，我的隊上是沒有的。

菊　池：高砂義勇隊員戰死的時候，又是如何呢？

黃新輝：不吃高砂族的肉。因為，負責料理的是高砂族，就算高砂族的隊員死了，也不會使用他的肉。

和　夫：高砂族是不吃人肉的，高砂族負責料理死去的美國兵與日本兵的肉。因為是一起煮的，知道那是什麼肉，所以不吃。「山胞」（泰雅族）能夠狩獵山豬，但日本兵無法在山中狩獵吧？日本兵沒有任何食物，飢餓的時候也就不得不吃了吧。當時最有營養的只有人肉了。

黃新輝：其實我吃過一次，是被日本兵所射殺的美國兵的肉。當時，食物只有人肉。……因為我的朋友帶著人肉前來，煮了之後吃了一點點，並不好吃。

和　夫：哇——黃先生也吃過嗎？很苦吧？

黃新輝：與其說苦，不如說是酸的。人的手腳部分，可以吃的地方很少，所以吃腿部或胸部的肉。……脂肪很少，都是骨頭，把骨頭扔了，內臟也不要，全都扔了。

五、疾病

菊　池：在新幾內亞最辛苦的事情是什麼呢？比方說，瘧疾或者風土疾病如何呢？雖然戰死的人也很多，但我想在惡劣環境下病死的人應該也很多……。

黃新輝：總之疾病很多。在行軍時，跟著許多蚊子，有瘧疾或痢疾，還有「熱帶潰瘍」。「熱帶潰瘍」很可怕喔，如果罹病了，身體就會開始腐爛，理由我不清楚。在作戰中死去的有三、四人，大部分都是病死的……我跟兩個弟弟一起，三個人出征，兩個弟弟都死了。兄弟之中，生還回來的只有我一個人。

和　夫：大部分都是因為生病而死亡的，死於戰鬥的沒有幾個人吧。

菊　池：遺體是如何處理的呢？

黃新輝：在那裡有許多遺體。當日本兵死亡時，戰友會從遺體上剪下頭髮、切下手指等，帶回去給日本的遺族。如果是高砂族，就用芭蕉等大片葉子包著，放置在那邊。

六、日本的無條件投降時期

菊　池：請告訴我戰爭末期的情況。

黃新輝：戰爭即將結束，但是日本兵或高砂義勇隊並不知情，以為戰爭還將持續進行。美軍的飛機接二連三的投下宣傳單，上面寫著「日本已經投降了。高砂族還是回國好」，「請高砂義勇隊回家」等等。但是，我們不相信那樣的宣傳單。……跟美軍作戰是很有趣的。

菊　池：「有趣」指的是什麼意思呢？

黃新輝：我們伏擊進攻的敵人，因為美國兵的身形高大，用步槍很容易射中，所以一打美國兵就馬上逃走。美國兵成功逃脫後，就用大砲回擊，這下子就輪到高砂義勇隊逃跑了。……有時候，我們會前進至美軍附近，開槍就逃，美國兵是否被子彈擊中不得而知。總而言之，就是開槍、逃跑。……美軍就用大砲還擊，這時候就要逃跑，等砲擊停止，再次靠近開槍，然後逃跑，對方又用大砲還擊，等到停止後，又再次靠近，像這樣不斷反覆……。

菊　池：日本兵又是如何呢？

黃新輝：當然日本兵也不承認「戰敗了」。如果沒有上級的指示就不投降，還想要繼續留下來戰鬥。在這樣的情形下，日本政府對大隊長、中隊長、小隊長發出了三次的玉碎命令。收到命令後，隊長就說：「玉碎！玉碎！戰到最後為止。已經被美軍包圍了。去玉碎吧！」之類的話。

……昭和二十（一九四五）年八月十五日，日本就已經投降了吧。但是，因為我們完全不知道，所以高砂義勇隊到九月還在持續作戰。在日本投降後，也發生了數十回的戰鬥，其中大規模的有二、三次。我們一直以為美國的飛機投下的宣傳單內容是「謊言」，所以繼續拚命地作戰。

菊　池：那麼，知道日本戰敗是什麼時候的事情呢？

黃新輝：九月中旬。看到日本人的大尉、少尉各一人，還有高砂義勇隊的二個人舉著白旗回到陣地，我們就想「日本真的投降了」。

菊　池：日本投降後，在不知情的狀況下繼續作戰了一個月嗎？

黃新輝：是的。以師團長為首，有五十人左右的日本兵一直堅持作戰。他們對我們說：「已經戰敗了，你們要好好保重身體。」之後，高呼「天皇陛下萬歲」砰的一聲自殺了。陸軍軍曹們也高呼了一聲「天皇陛下萬歲！」就用手榴彈自殺了。還有一部分日本兵切腹自殺了。這裡一聲「砰」、那裡一聲「砰」，到處都有人自殺。

菊　池：是用手榴彈自殺吧，大家都死了吧？

黃新輝：只有日本兵，沒有高砂義勇隊的隊員。

菊　池：高砂族中有切腹自殺的人嗎？

黃新輝：沒有，高砂族中沒有切腹的人。日本兵切腹，或者用手榴彈自殺，但高砂義勇隊的隊員沒有切腹的，也沒有用手榴彈自殺的，因為我們沒有死的必要。

七、收容所時代

菊　池：九月中旬知道了日本投降之後，馬上就被收容進美軍的收容所嗎？

黃新輝：不是的。自九月十五日起，我們開始向海邊方向行進，走了相當一段距離，大概走了一個月左右吧。……然後，進入位於海濱的收容所。在那裡，有日本人，也有高砂族。日本兵與高砂義勇隊是被分開的，在那裡被收容了約一個月。

菊　池：收容所的生活是很嚴苛的嗎？

黃新輝：也不至於，因為戰爭已經結束了……。那個時候，日本已經完全戰敗了，再也沒有想要反抗美軍的人了。因為閒得發慌，所以就去山裡狩獵，獵到了三頭山豬，分給美國兵一頭，跟美國兵交換來了米，是這樣的關係。

菊　池：高砂族有可以走出收容所去獵山豬的自由是嗎？美國兵對日本兵很嚴苛，但對高砂族很寬容，是這麼一回事嗎？

黃新輝：並不是這樣的。因為是被分開的，所以我不太清楚。對日本兵也是以相同方式對待的吧？

菊　池：在新幾內亞一共待了幾年呢？

黃新輝：大約四年。昭和二十一年一月二十六日，我終於回到了臺灣。之後，經由和夫父親的介紹在農會工作了四年，然後轉任至鄉公所做了十八年的主計。主計日語應該叫會計吧。從事的是這樣的工作。

〈義勇隊之歌〉——作者原註

黃新輝交給我的手寫的〈義勇隊之歌〉的歌詞如下，其中也有與日本軍歌〈露營之歌〉相似之處。

（一）

此處為東洋南端	茲は東洋南端の
距國數千里	国を離れて幾千里
為了守衛東洋	東洋守りの其（の）為に

（二）

勝利凱旋勇敢無比	勝って帰へると勇（ま）しく
出國前立誓言	誓って国を出たからわ（は）
不立功動不歸還	手柄を立てずに帰へられ（よ）か

（三）

發揮勝利的義勇力	勝つの義勇力を振（る）ひつつ
所到之處披靡無敵	進む所に敵はなく
用大刀砍下英美的首級	英米の首を此（の）太刀で

（四）

冒著槍林彈雨　雨と降り来る敵丸（弾）を
前進的義勇隊　くぐり抜け行く義勇隊
用雙臂摘下英美的首級　英米の首を此（の）腕で

（五）

胸口閃耀的金之飛鳥　胸に輝く金之飛鳥（トビ・鳶）
微笑著的義勇隊勇士　頬笑義勇隊の勇士さ
這就是義勇隊的雄姿　之ぞ義勇隊の面目だ

（六）

聖戰結束後的豆紙盒　聖戦終わって豆箱を
迎接而來妻子兒女的哀傷　迎へる妻子之哀しさ
這就是義勇力的本分　之ぞ義勇力之本分だ

〈義勇隊之歌〉的第二段，與日本軍歌〈露營之歌〉第一段很相似，〈義勇隊之歌〉也有部分使用了其他軍歌歌詞之可能性。

在此，也列出〈露營之歌〉（藪內喜一郎作詞，古關裕而作曲，哥倫比亞唱片，一九三七年九月）的歌詞如下：

（一）

勝利凱旋勇敢無比　離鄉前立誓言　不立功勳不瞑目　每當聽到進軍號聲　浮現在眼前的是飄揚的旗幟

勝つてくるぞと勇ましく誓つて故郷を出たからは　手柄立てずに死なれようか進軍喇叭を聴く　度に瞼に浮かぶ旗の波

（二）

土地與草木都在火中燃燒　無邊無際的曠野上踏步前進　前進的日之丸鋼盔　輕撫著馬的鬃毛明日的命運誰知道

土も草木も火と燃える　果て無き曠野踏み分けて　進む日の丸鉄兜　馬の鬣撫で乍ら　明日の命を誰か知る

（三）

砲彈坦克步槍　暫時紮營的露宿　夢中出現的父親　鼓勵我以死還鄉　醒來怒視著敵方的天空

弾丸もタンクも銃剣も　暫し露営の草枕　夢に出てきた父上に　死んで帰れと励まされ　覚めて睨むは敵の空

（四）

想起今日的戰鬥　血染的微笑　含笑而亡的戰友　天皇陛下萬歲　這樣的聲響永難忘懷

思へば今日の戦闘に　朱に染まつてにつこりと　笑つて死んだ戦友が　天皇陛下萬歳と　残した聲が忘らりよか

（五）

出征參戰之軀　已做好捨身之覺悟　不要為我鳴叫草叢中的蟲兒　為了東洋和平　什麼樣的生命都不足惜

戦争為る身は豫てから　捨てる覚悟で居るものを　鳴いて呉れるな草の蟲　東洋平和の為ならば　何の命が惜しからう

〈義勇隊之歌〉因為向一般大眾徵件，所以有不同版本。例如，一九四一年中將本間雅晴所作詞的〈高砂義勇隊之歌〉的歌詞如下：

（一）

擊敗英美的大詔
含淚叩拜的同胞
就這樣做吧起身而行

米英撃てとの大詔を
涙で拝む同胞の
そうだやるぞと立ち上りゃ

深厚的熱血在身上沸騰　　厚い血潮が身にたぎる

我等　我等　高砂義勇隊　　我等　我等　高砂義勇隊

（二）

在男人榮譽的舞臺　　男誉れの舞臺なら

為何還要在意生命　　なんで　生命が惜しかろう

挺身奇襲是擅長之事　　挺身奇襲お手のもの

在第一線開花結果　　第一線の花と咲く

我等　我等　高砂義勇隊　　我等　我等　高砂義勇隊

（三）

在叢林中跨步前進　　ジャングルなんぞ一跨ぎ

執行運輸任務去開發　　輸送任務に開発に

勇敢堅強鬥志昂揚　　逞しいかな盛り上がる

胳臂響徹著鐵之聲響　　腕に真鉄のひびきあり

我等　我等　高砂義勇隊　　我等　我等　高砂義勇隊

（四）

若為國家
天皇將會獎勵真誠的勇敢
治理東亞誠惶誠恐
爾等之命會因天皇而純潔
我等　我等　高砂義勇隊

国のためなら大君は
誠の勇み励むべし
東亜の鎮めと畏くも
命を君に潔ぎよく
我等　我等　高砂義勇隊

（五）

義勇隊的本分
為國盡忠勇敢豪邁
義重大於山
讓我國閃耀著光輝
我等　我等　高砂義勇隊

義勇隊たる本分は
国に忠に気は勇み
義は山よりも尚重し
御国の光を輝かせ
我等　我等　高砂義勇隊

（六）

必須要勝利的此次戰爭
朋友們讓我們團結一起

勝たねばならぬこの戦
友よ今こそ一団の

熊熊燃燒勇往直前　　　炎ともえてまっしぐら
為了皇國而前進　　　皇国のために進むのだ
我等　我等　高砂義勇隊　　　我等　我等　高砂義勇隊

出處：門脇朝秀編，《臺湾高砂義勇隊－その心には今もなお日本が》あけぼの会，一九九四年，第四十九頁。此外，本間雅晴也為〈臺灣軍之歌〉作詞。

編案：黃新輝交給作者菊池的手寫〈義勇隊之歌〉歌詞為日語版，即前處（第一九二至一九八頁）本章章末的「作者原註」。該歌詞括號中的內容為菊池的日語補充訂正。

證言四

林昭光訪談錄——關於二二八事件、霧社事件、「白色恐怖」、中國共產黨

開篇

關於一九六〇年代針對原住民的「白色恐怖」，已經可從對林昭光的訪談、他自己的回憶錄及資料等掌握其輪廓和實際狀況。因此，關於處在前一階段的二二八事件，迫切需要弄清楚以角板山泰雅族為中心的泰雅族整體的動態，甚至要弄清楚將其包括在內的臺灣原住民的動態。因為除去這些將無法看清角板山泰雅族動態的全貌。

另外，在談論二二八事件（一九四七年）、霧社事件（一九三〇年）等臺灣近代史時，有不可忽視的事件。其結果便是有關二二八事件的研究極其之多，資料也大多被公開、出版（但是，聽聞情報局〔舊軍統〕相關的史料、檔案還有相當一部分未被公

開）。如此，實際狀況的調查可謂在急速進行著。然而，多是以陳儀、國民黨政權對本省人（閩南人、客家）的打壓為中心的調查。這一時期的臺灣原住民的動態卻幾乎未被闡明。特別是角板山泰雅族的動向幾乎一無所知。筆者在無意之間察覺二二八事件之時，泰雅族等原住民具有反國民黨意識，和本省人共同奮起後被鎮壓。故而便單純一味地認為作為對此行為的報復，泰雅族在五〇年代「白色恐怖」受到了徹底的打壓。然而，從林昭光的訪談中得知，實際上二二八事件時，泰雅族人正在陳情訴求恢復日本殖民地時期所剝奪的族人土地，故有所自制，並未行動。

另外，依和夫所言，林昭光是知曉泰雅族最古老的歷史，僅剩的可對其進行講述的少數人之一。因此，對林昭光（照片二十八）的訪談，是在林昭明、和夫共同出席的情況下，於二〇〇九年三月二十五日進行的。並且關於新的疑問、不明之處等詳細諮詢，於二〇一四年三月二十三日、二〇一五年三月二十三日再

照片28　林昭光和和夫（筆者拍攝）

三進行補充訪談。他們並非使用「原住民」而是多用「高砂族」這一詞彙，故依此而記。完全沒考慮「高砂族」是歧視用語。

一、二二八事件

菊　池：二二八事件發生之時，您在哪裡，有何行動，是否參與了此事件？

林昭光：日野三郎（樂信・瓦旦〔ロシン・ワタン〕）。**照片二十九**）、我（經濟課主任）、陳祥隆（泉民雄，和夫之父）三人，前去會見臺灣省主席陳儀。民國三十六（一九四七）年二月二十七日，到達臺北。準備在二十八日就山地的土地問題（日本接收的土地向泰雅族的返還交涉）等進行陳情。那時候不叫臺灣省政府，而叫行政長官公署。所以，我們為了見行政長官陳儀，正想走進行政長官公署的建築大樓，軍隊卻從二樓開槍射擊，我們未能入內。二十八日晚，便因專賣局的煙草問題引發了二二八事件。二十九日，我們一早起來，想要去行政長官公署，專賣局卻被群眾圍住了。民眾向外省人的家裡扔磚頭石塊。前一天事件引發的問題仍持續發展。

照片29　樂信・瓦旦（林茂成提供）

民國三十六（一九四七）年，當時日野三郎還不是衛生所所長，而是在公醫診療所。診療所取消之後，山上便沒有醫療機構了。民國四十一年日野建立了山地巡迴治療隊，並由日野三郎擔任隊長職務。

菊　池：前幾日，您下榻的是臺北的哪家旅館？

林昭光：不是旅館，是山地會館。

菊　池：在臺北的什麼地方？

林昭明：在臺北的南門市場附近，羅斯福路一段。日本殖民地時期叫高砂會館，在其他地方。總督府理蕃課宿舍的附近，靠近臺北車站的地方。

菊　池：當時警察是什麼狀況？

林昭光：雖然也有警察，但沒什麼用，實權掌握在軍隊手裡。鐵道部也並非警察而是由軍隊守衛著。我們看到軍隊的司令被拖出來遭到毆打，血從頭部直往下流啊。臺灣人都在用日語問：「你是誰？」但外省人不懂日語，根本無法回答。於是就打他。民眾都用日語交流，凡是對答不上來的就打。看到事件越來越擴大化，為了不捲入這種局面，我們決定「行政長官公署已經不能去了，我們直接回桃園吧」。於是我們去往臺北站，但火車卻停運了。我們在臺北車站等了大約兩個小時，列車才開始起動，好不容易才抵達桃園。

抵達桃園，下火車時又遇到了警察局二樓的機槍射擊。臺北的影響已經擴散到桃園。民眾將警察局包圍起來，警察向他們機槍射擊。不少人被擊中紛紛倒在地上，有的人已經死了。所以，我們覺得這裡也不行，必須趕快回山裡，對當前的狀況進行討論。接著返回大溪。於是，我們迅速召集山上所有的警察在大溪分局集合。我們三人商量之後，跟山上的警察們說：「你們不能參與這件事」，「不可使用暴力」。也沒有日本軍留下來的武器，沒有武器怎麼可能參加，而且這實質上是外省人和本省人的問題，和「山胞」沒關係，況且還有土地問題正在陳情之中的情況。

菊　池：山上的警察是「山胞」嗎？

林昭明：嗯。山上的警察如果不是「山胞」就當不成。所以我們才能發出「不可輕舉妄動」的指示。

菊　池：原來如此。山上的警察很信任你們。

林昭光：隨後我們回到角板山，馬上叫來鄉長進行許多討論。老婆婆賣私菸，被中國兵（警察）毆打了，看到此情景的民眾十分憤慨地將煙草專賣局包圍起來，很快事態便擴散到整個臺北。說到底，我們是少數民族啊。不僅沒武器，什麼也沒有。那時候，日本軍的武器幾乎都被聯合軍沒收了。所以我們不僅沒武器還一無所有。與此同時，這還是個突發事件，不是有計劃性的。如此一來得吃敗仗。我們說：「不僅沒有武器，而且啥也沒，如何能戰鬥？如果參與的話，我們都會被幹掉。」因此，做出了「不參加」的決定。但是，有一部分本省人卻督促著「山胞」奮起反抗。然而，我們沒有這麼做的價值。

菊　池：原住民中沒有人想要參與事件嗎？

林昭光：新竹鄉、烏來鄉、臺中的和平鄉也都往山上運槍械。我們趕緊派泰雅族人到新竹、烏來、宜蘭等地阻止他們「不要這樣做」。烏來的泰雅族已經殺豬準備參與戰鬥了。討論後的結果是，「對我們高砂族來說，參加絕對是不利的。即使參加也會失敗。」於是作罷。但因為勸阻得略遲，多少參加了一些。因為臺中州和平鄉離得很遠。

菊　池：您說的「殺豬」是什麼意思？

林昭明：「殺豬」是向神明傳達「我們要戰鬥」的儀式。

和　夫：角板山、烏來都互相派遣了人員。烏來也派人過來了吧。

林昭明：烏來鄉很小，角板山的泰雅族很龐大所以很有力量。很快便派遣新竹、烏來等地的泰雅人傳達「不參加」的意思。這時，烏來鄉約八百人已殺豬供神，準備動身參與此事件了。也有從烏來前來聽取角板山意見的泰雅族。以參加「對高砂族不利」勸說並阻止他們參與事件。另外，新竹的尖石鄉、五峰鄉雖做了準備，但決定不參加了。這之後的參與活動也都阻止了。角板山的人員沒有派遣到臺灣南部。

菊　池：最終，臺中縣和平鄉行動了嗎？

林昭光：臺中縣和平鄉準備了槍械，但沒行動。阿里山的高砂族（鄒族）行動了。他們破壞了嘉義的武器庫拿出槍械武裝了起來。「本省人對外省人施以暴行」，名義上是對國民黨的「治安維持支援」，但高砂族內心並不是向著國民黨，還是站在臺灣人一方的。當然有個人參與及做了部分行動準備的人，但就整體而言，高砂族應該說幾乎沒有參與行動。

菊　池：泰雅族，或者說高砂族沒有受害嗎？沒有出現死傷者嗎？

林昭光：泰雅族沒有參加。所以並沒有受傷的，也沒有死者。……我不知道，也許有兩三個人吧，和平地人一起戰鬥。

林昭明：二二八事件的時候，桃園縣的泰雅族有一人被捕並被槍決了。恐怕是以個人名義參戰的。不過，不知道這個人是誰，不是角板山的人。也不知道是直接參與了事件還是被捲進去的。……二二八事件的時候，正好趕上我（學校）放假，在角板山的家中。

二、霧社事件

菊　池：一九三〇年霧社事件時的情況是怎麼樣的？有沒有從年長的人那裡聽說到什麼？

林昭光：那是我七、八歲時候的事不是很瞭解，從老人們那裡聽到的情況，是這樣的。「山胞」、泰雅族常常被打、被奴役，他們感到屈辱而進行反抗。……當然每個州臺灣總督府的政策都不一樣。現在的縣就是過去的州。比如說北部，新竹州致力於農業，實施「授產」政策（農業振興政策），糧食大增，所以在日本殖民地時期新竹州才能吃得上飯。這樣一來新竹州能夠自力更生，建學校，成為各州高砂族的模範地區。所以，各州的高砂族都來新竹州參觀。可是臺灣中部、臺中州的霧社卻強制性地動員「山胞」建立警察署，修建道路，砍伐山上的木材。當時，建了警察宿舍和警丁宿舍等等……。警手也就是警察的助手，就像軍隊的哨兵。因為警手做事蠻橫，所以反抗也日漸強烈。如你所知，蕃童教育所的老師是日本警察官。就這樣，霧社事件爆發了。但是，當時北部泰雅族沒有行動。新竹等地的泰雅族知識份子放棄和泰雅族民眾聯手。

菊　池：臺灣總督府的理蕃政策因地域不同有很大不同，在臺灣北部可以說是取得了成功，對吧。

林昭光：日本的山地行政、理蕃政策從臺灣北部到嘉義都得到了普及。一九四一年由於「大東亞戰爭」的爆發而忙碌起來，沒有普及到嘉義以南。所以日本殖民地時期，泰雅族和排灣族、布農族的情況完全不同。那是因為泰雅族是以生產米為主，而排灣族還是像過去一樣依靠「水芋」（生長在水中的小芋頭）。也就是說，日本的理蕃政策是以泰雅族為中心的，針對泰雅族的政策是成功的。正如剛才所說，泰雅族中知識份子較多，因此到了國民黨時代就開始批判這些政策。

菊　池：那麼，歷史上並不是所有的泰雅族都一起行動的了。

林昭光：臺灣的泰雅族沒有全體一起行動過，也沒出現聯合北部、中部之類的組織。雖然沒有全部一起行動，但是有的部落往往還是發生像霧社事件這樣的事件。當然「後山」（當時有「前山」、「後山」之分，所謂「後山」指的是山野深處的深山地區）也發生了類似這樣殺害警手的事件。在未受到教育的地方就會發生這樣的事件。殺害警手、警官什麼的。主要是殺害警手。雖然警手也有日本人，但大部分都是平地人，很少有「山胞」。

菊　池：雖說當時很少，但「山胞」當警手的話，「山胞」殺害「山胞」的情況也會發生嗎？

林昭光：「山胞」當警丁是在那之後的事。日本殖民地時期後期，「山胞」也當上了警手，也有人當警手鄉長。日本人即使學歷低沒有書寫能力也可以獲得高職位，而「山胞」即使有學歷，很多人最多也只能當個警手，對此感到不滿的也有。就算是警察，乙種巡查（候補巡警）中有的日本人連小學也沒畢業，作各種彙報時也會出現很多能力上的問題，所以就是日本人也得從警丁開始做起，過個一兩年再當乙種巡查。在山上當警丁的大部分都是平地人。警丁中有警丁伍長，工資要比乙種巡查高。

菊　池：不知道警手和警丁的不同。到底警手、警丁是指什麼？請講一下他們在警察中的地位、職責的不同。

林昭光：警丁和警手是一樣的。

和　夫：像是警察的助手，相當於軍隊裡的哨兵吧。派出所裡必定會有警視。另外，建房蓋屋得從山上扛檜木下來，都讓高砂族來幹。修路也用高砂族人。在日本殖民地時期，被警察毆打什麼的，高砂族人自尊心很強，所以對這種事很不滿。這種不滿積累起來，就發生了霧社事件。那時候，日本人警察打人吧。這並不是只針對高砂族。日本人也經常打平地人。

菊　池：我想確認一下，霧社事件的時候，角板山的泰雅族最終也完全沒有採取行動，對嗎？

林昭光：事發後新竹州、角板山的泰雅族的知識份子立即去說服民眾「不要做這種事（暴動）」。角板山泰雅族沒有響應霧社泰雅族的行動。

林昭明：當時，稱為「先覺者」的多少有點知識的人都進入蕃社，阻止大家「堅決不可輕舉妄動」。

和　夫：霧社不是泰雅族，是太魯閣族（現在不叫太魯閣族，而叫賽德克族）。

林昭光：為什麼不是泰雅族呢？是泰雅族啊。

菊　池：好像因為最近和泰雅族語言上有些不同，而作為賽德克族獨立出來了。賽德克族好像也希望如此。即便如此，我感覺憑細微的差異來區分臺灣原住民，太過細了。

林昭光：有本名叫《理蕃之友》面向山地的雜誌，記載了高砂族知識份子的談話。如果看那時候的言論……當時不叫山地行政而叫「理蕃」。也就是說理蕃是由警察來實施的。教育和農業指導以及教日語，全都是由警察來做。

和　夫：學校的老師也是警察，全都是警察在實施。

林昭明：因為是警察，所以事件一發生，就用電話進行聯絡。

菊　池：日本警察和原住民警察的行動一致嗎？

林昭明：一樣。

和　夫：學校裡過去不叫「校長」，是叫「主任」，或是「所長」吧。我在蕃童教育所待了四年。之後，在小學補習班學了兩年。

林昭光：蕃童教育是四年制，強制入學。畢業之後，上兩年補習班。不過，補習班並不是強制的，上不上是自由的。

和　夫：平地人是不會上的吧。

林昭光：相對於平地人，角板山有公學校的分校。也就十數名或二十名兒童。有錢人去大溪上小學校。想進這裡，蕃社裡的泰雅族的孩子必須參加考試。警察的孩子則可以免試入學，還有教育補助。……蕃童教育所的操場是我們在後面幫忙推二輪架子車運土自己建的。

菊　池：聽說日本殖民地時期在角板山有幾個碑，能否告訴我具體是怎樣的碑嗎？

林昭明：溪口臺有「感恩報謝」碑，志繼也有。

林昭光：角板山上的都是「感恩報謝」碑。中國人（外省人）來了之後全都破壞了。不論哪個部落都有「感恩報謝」碑。昭和哪一年呢我記不清了，我也去參加了「感恩報謝」碑落成的慶祝活動，「吃吧，吃吧」地招待吃烤香魚。大概是昭和九（一九三四）年或者十年左右的時候吧。那時候我已經進了小學。因為修建溪口臺的鐵吊橋是在昭和六年。

林昭明：佐久間總督的紀念碑是在昭和十年左右建成的。我有印象。是我五、六歲的時候。非常大的碑哦（**照片三十**）。那時候，沒有去溪口臺的路。所以，只能繞路或者渡河過去。建溪口臺的鐵吊橋是在昭和六年。建碑的時候，已經有那座橋了。

林昭光：這些碑在國民黨時代都被破壞了。

菊　池：那裡還建了一個青年訓練隊的操場吧。

林昭光：那裡本來是我家的水田。水田盡頭建了「感恩報謝」碑。然後餘下的土地（水田）就作為青年訓練隊的操場。我們在那個操場集合之後去學校。外省人來了之後，毀了那個操場，全部分給高砂族再次恢復成水田。就這樣，那個操場就

照片30
角板山的「佐久間總督追懷紀念碑」。1931年8月建立（「復興青年活動中心」前的展示照片）

沒了。另外還開拓了土地建了水田。

三、樂信・瓦旦（日野三郎）

菊　池：一九二三年，發生過一場泰雅族間的戰鬥吧。是什麼原因導致的？是為了爭奪狩獵地盤嗎？那時候是樂信・瓦旦在中間進行和解的，是這樣嗎？

林昭光：泰雅族之間的戰鬥是不常發生的。金那基社和馬里闊丸社的泰雅族戰鬥的起因，是金那基社在狩獵時，將馬里闊丸社的「妹夫」（據說是頭目的妹妹的丈夫）當作野豬用弓箭錯殺了。馬里闊丸社十分憤怒，開始了激烈的報復。日本警察介入進行調停，阻止了戰鬥。在作為境界線的高臺上埋下石頭（將石頭完全埋住，埋好石頭之後，將地面抹平）。樂信・瓦旦有可能協助了和解，但那時候他還很年輕，並沒有多少力量。

菊　池：日本警察調停了嗎？

林昭光：日本人很坦率，說話算話。「支那人」「一口兩舌」（表裡不一），不可信。

菊　池：關於樂信・瓦旦被處死刑，你們怎麼看？

林昭光：伯父樂信・瓦旦明明是無辜的卻被「白色恐怖」害死了。樂信・瓦旦被懷疑和日本的共產黨有關係。年輕人多少都有點關係，夢想「蓬萊族」的民族自決。昭明完全無法理解其內容。我反對昭明參加「蓬萊民族自救鬥爭青年同盟」。但是，昭明不聽我的話。他從新竹工業轉學到臺北一中，也就是現在的建國中學。他很聰明。

菊　池：臺灣真的混入了很多中共的「間諜」嗎？不是國民黨捏造的嗎？

和　夫：陳儀的軍隊、蔣介石的軍隊來臺灣的時候，很多的中國共產黨員也混在裡面。就這樣，從大陸來了很多中共黨員。陳儀和他的部隊很猶豫，是該靠攏蔣介石還是中共。因為他們知道在大陸的內戰中，蔣介石、國民黨軍處於劣勢，敗給了中共。好像蔣介石也差點被陳儀逮捕。陳儀對中共很放任，中共黨員當然也就混入其中了。……應該是陳儀發動的二二八事件吧。那時與其說是軍隊，不如說是警察隊開的槍。……因此，陳儀被蔣介石究責處決了。

林昭光：日本戰敗，國民黨來之前就有共產黨了。蔣介石來之前哦。日本戰敗時就已經有很多共產黨員在臺灣了。是臺灣人。臺灣的知識份子中也有加入中共的。日本殖民地時期參加獨立運動的人當中不單單只是國民黨，也有共產黨。另外，不光是大陸的共產黨，也有臺灣的共產黨。不太清楚日本共產黨和臺灣共產黨的關係。過去臺灣的共產黨是日本共產黨的下層組織。謝雪紅很有名。但是，當時並不清楚雙方的關係。臺灣的共產黨應該是日本共產黨吧。比如說，桃園縣龜山有個青果合作社，是共產黨的聚集地。有個日本名為「松山」，中國名叫李奎吾的人，是個巡警，日本人回國之後，成為角板山的主監。「松山」是被國民黨作為共產黨逮捕的第一個人。進了牢獄之後精神出現了異常。接著石卷巡查部長和「官派」鄉長簡天貴也被捕了。所謂「官派」並不是通過選舉被選出來的，而是從上面派遣下來的鄉長。這三個人被作為臺灣共產黨逮捕起來。石卷和簡天貴雖被釋放了，但簡回到家後準備了自己的靈柩，在裡面起居。「隨時準備死去」的意思。他有可能是精神失常了。李奎吾的武裝部隊長林元枝，是桃園縣蘆竹鄉鄉長。他是臺灣的共產黨，不是大陸的共產黨。

菊　池：關於樂信・瓦旦、高澤照被處死刑的情況，可以再詳細講述一下嗎？

林昭光：高澤照（來自高岡，現在的三光）在處刑之前腦子就已經不正常了。他很信任樂信・瓦旦。樂信並不單純只是個醫生。在行政、警察的工作上也發揮其能力，任何工作都做。在人事上也有一定的力量。因此，高澤照也得以當上巡警，如此便有了恩情。……不過不只是樂信進入了醫專，還有一個人也進了，一共兩人。另一個人（馬武督社頭目的兒子。姓名不詳）因為體弱多病，最後換成了哈勇・吳松〔ハジュン・ウスン〕（是角板山的，但卻是其他頭目的兒子）日本姓名叫「宇津木一郎」，中國姓名叫「高啟順」。他是樂信醫專時代的同學。變成中華民國之後仍在當醫生。耳朵不太好，總是反復問患者「唉？說什麼？」所以作為醫生的信賴度還差一步。他整日喝酒成性，從不談論政治，所以樂信被逮捕了但他卻沒有。……

我獲釋時在西側建築二樓上，見到樂信、高一生、湯守仁三人從東側牢房出來。手被繩子反綁著，脖子上掛著牌子。有輛卡車在那裡等著，高、湯兩人雖然反抗了，但還是被扔上卡車。樂信沒有反抗。估計是在法庭上沒有宣讀判決，而是在臺北市的河原（大概是青島東路附近）宣讀判決後立刻被槍決了。

菊　池：樂信・瓦旦寫過中文的文章。雖然他會寫日文文章和漢字，但中文能力達到什麼程度呢？

林昭光：樂信・瓦旦完全不會中文。既不會說也不會寫。他的中文文章恐怕是用日文寫的，然後被誰翻譯出來的吧。

菊　池：被捕入獄的時候，應該有翻譯人員在場，但他聽不懂用中文的提問，也看不懂恣意寫審訊記錄，在不理解的情況下被迫署名的可能性也是有的吧。

四、三年半的拘留

菊　池：您因為「白色恐怖」被捕是哪一年的事，出於什麼理由呢？

林昭光：民國四十二（一九五三年）年十二月二日，警察局說「有些事想跟你商量一下」，就這樣被帶到了保安司令部。當時，情報部的手裡有很多「線民」。「線民」有平地人和「山胞」。規定只要提供情報就有賞金。所以我被貪圖賞金的「線民」告了密。保安司令部強行給我扣上了「紅帽子」（共產主義者），並以此為由，毫無根據的捏造出我「和日本共產黨有關係」或是「和中共有關係」。坦白說，儘管我並不喜歡共產黨。

在那之前我也多次險些被國民黨逮捕，所以有了「早晚會被抓的吧」的思想準備。當時我還是未判刑者，被捕當日，和國民黨軍的參謀長（日本陸軍士官學校出身）爭論了起來。參謀長問：「你為什麼要反對國家？」我回答說「國民黨在和中共的內戰中吃了敗仗而逃來臺灣，那是因為在大陸不珍愛人民。並且還打算在臺灣也這樣做。人民不該被虐待。我擔憂國家的前途才說出這樣的話。」當時我只有二十五、六歲，很有膽量。回到家後立刻就被捕了。最終，我進了在板橋的土城清水的警備司令部軍法處（原保安司令部）的「感訓（感化訓練）處（生產教育實驗所）」。就這樣被拘留了三年半，接受「再教育」並被洗腦。

一個房間一百人，一個人一張床。我們稱其為「一個中隊」。一共有五個房間，五個中隊，共計五百人。其中有「一個中隊」只有女人。另外，高砂族除了角板山的我以外還有花蓮、阿里山、苗栗的三人，一共四人。其中包括我在內只有五人發了「農業指導證」，負責教育。為買豬肉之類的可以上街。監視人員並不會跟著。「為什麼不逃走呢？」因為根本逃不掉，就算逃走也無濟於事。

林昭明：我的情況卻截然不同，非常嚴格。一個房間只有二十五人，有鐵格柵，擠在地上睡覺。

五、補充提問：「蠻」和「蕃」、姓以及蕃刀和長矛

菊　池：有幾個簡單的問題我不是很清楚，想再問一下。

林昭光：有什麼問題儘管問，只要我知道的都會告訴你。

菊　池：想問卻一直沒問，首先，想請教一下您的簡歷。

林昭光：一九三〇年在蕃童教育所學習之後，又在補習班學了兩年，戰時去了日本，是內務省的幹部候補生，戰後擔任過鄉長等（**照片三十一**），因「白色恐怖」被鎮壓，正如剛才所說，被帶進警備司令部軍法處的「感訓處」，拘留了三年半之久。

菊　池：漢字「蠻」和「蕃」有什麼不同嗎？

林昭光：「蠻」是野蠻人的意思，指的是人。「蕃」則「不是人」，是「不屬於人類的範疇」的意思。在清朝（受其政策文化的影響的）「熟蕃」只允許用比如「陳」、「王」、「黃」等十二個姓，但（反抗清朝的）「生蕃」是不允許擁有姓的。

菊　池：泰雅族特徵、性格等用一句話怎樣形容？

林昭光：泰雅族勇敢、好戰爭（戰鬥）、不怕死，而且可以沒有聲響地在草木中行走。……我的曾祖父抗日，和日本軍戰鬥過。很強大，面目兇狠。僅僅只有數十人的襲擊，就取了一百名日本人（日本兵）的首級。

照片31　鄉長時代的林昭光
（林昭光提供）

菊　池：角板山有為防備敵軍襲擊站崗放哨的瞭望臺嗎？

林昭光：沒聽說有瞭望臺。

菊　池：給男人紋面的也是女人嗎？

林昭光：男女都是女人來紋的。男人首先紋下巴，額頭不是那麼簡單就能紋的，不取人頭的話是不能紋的。所以，有即使到了三、四十歲額頭上也紋不了的男人。這是「勇武」的象徵，所以孩子去取人頭，算在父親頭上的事也是有的。

菊　池：「出草」是取首級的意思，但是為什麼用「草」這個字呢？另外，聽說有在「出草」時襲擊別的部落，將父母首級被取成為孤兒的孩子帶回自己的部落，當作自己孩子來撫養的事。在角板山是否有被當作人質、奴隸對待的情況？

林昭光：「出草」本來並不是山上的詞語。應該是日本殖民地時期，日本人用過的詞吧。大概是從草叢裡突然跳出來襲擊的意思吧。……並沒有把孩子帶回來，當做人質、奴隸來對待的事。我沒聽說過這種事。

菊　池：您說過要給我看蕃刀的吧。

林昭光：是的是的。稍等一下。我這就拿來。……但這不是過去的蕃刀，是最近我自己做的。有大、中、小三種哦（**照片三十二**）。蕃刀要這樣拿（**照片三十三**）。要不要拿一下試試？……這是打獵時戴的帽子。

菊　池：大刀大概有一米二十公分，中刀大概六十公分，小刀大概三十公分吧。親手拿一下大刀，感覺如鋼一般沉甸甸的，刀刃無比鋒利。我第一次知道是和日本刀一樣刀柄刀身不分離，是由整塊金屬鍛造而成的。

林昭光：雖然也有裝飾性意義，不過主要為了防滑，會用布將刀柄裹起來。這樣刀柄就有一個圓形的洞，小刀的話，會在裡面插個棍子，作為長矛、長刀來使用。另外，帽子（材料是蘆葦，不過編織得很細密）這樣不僅可以用來打水，還能當碗吃飯，還可以裝得下山豬的肉哦。

菊　池：槍支被回收由警察管理，只有在一定的狩獵期間內才能和極少量的彈藥一起外借吧。

32 33

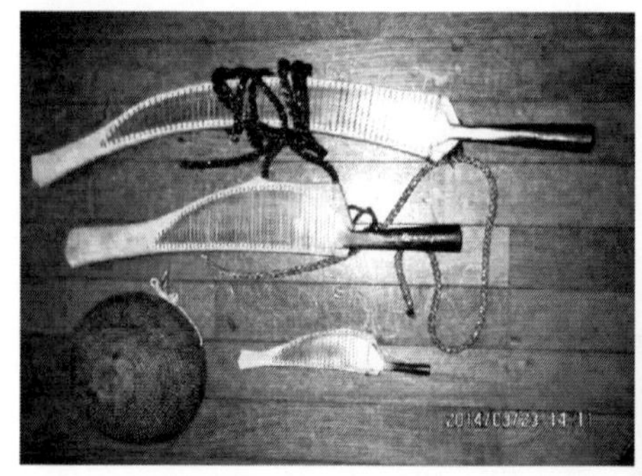

照片32　大中小的蕃刀和左下的帽子（筆者拍攝）
照片33　手拿自製蕃刀的林昭光（筆者拍攝）

林昭光：槍支被沒收了，不過不能用的舊槍或壞了的槍支會還給我們。所以，我們把槍改造成弓，用橡皮筋發射箭。箭頭根據動物的不同也有所不同。有一叉、二叉、三叉等等。有一個很尖銳，在打山豬時用。當然，對人也是有殺傷力的。獵物有鼴鼠、狐狸、狸子、山豬等，狐狸也很好吃哦。……而且過去還經常捕到鰻魚。大的鰻魚從一米到一米五十公分都有。寬度有十到二十公分，或切成片烤著吃，或做成湯都很好吃。在現在水庫的地方長得很大。現在，鰻魚、鯰魚都因為水庫無法逆流而上，也長不大。……生蕃鯉是相當於日本的雅羅魚一樣的魚，小的可以做乾炸食品。

菊　池：關於義勇隊和志願兵的問題，您說是非強制的，是原住民的主體性、熱情，是否沒有因為戰爭的推移而改變，始終如一呢？

林昭光：原住民的積極性、熱忱、強制與否隨時期不同而有所差異。當初，我們發揮了主體性和熱情。但是，日本戰況惡化後就變為強制了。

菊　池：日本殖民地時期建了市場呢。[1]

林昭光：在日本警察的指導下角板山建了市場，稱作交易所（**照片三十四、三十五**）。即使是在日本殖民地時期也進行了很久的物物交換，後來漸漸變成了金錢買賣。

34

35

照片34　日本警官講解角板山的交易所
「日本殖民地時期角板山原住民與日本人之間之交易」
（《臺灣高砂舊照片》，來源：https://www.youtube.com/watch?v=seClSNjnLdU&feature=youtu.be）

照片35　角板山交易所的情況（同上）

菊　池：葬禮是按照過去傳統的「室內葬」埋葬在家中的地板下嗎？是放在甕裡嗎？是屈葬嗎？

林昭光：埋葬在家門口前。家是用竹子簡單搭建的，葬禮後不會住在那裡，家也不要了，然後移居到其他地方。不會放到甕之類的東西裡，因為甕很貴重……。在家門口挖個坑，讓遺體保持抱膝姿勢用蕃布將其全部包住，輕輕地放入坑中。然後用土掩蓋，土淹沒頭部時，在頭上放塊板子，繼續加土。……蕃布相當於日本的包袱布，有很多種用法。比如說，包東西自不用說，還可以作為衣服纏身，背嬰兒時也可以使用。

本章註

1 原本靠狩獵為生的原住民因被日本人沒收了槍支，想要以高價偷買槍支。另一方面，日本在嚴懲地下交易的同時，又在警察協會協助下，在各地設立國營交易所。在那裡的買賣是被允許的。原住民原本是實物交易，以物換物。特別是住在山地的，因「土牛」或「隘勇線」而被限制了行動的原住民特別需要海鹽和火柴。一九二九年，原住民在交易所階段性地販賣農產品、工藝品、獸皮等，購買鹽、火柴、農具、日用品、醫藥品等。另外，根據日本的方針，屬於狩獵品的毛皮等被認為是助長「殺伐之風」，政策性的壓價購買。就這樣，變為日本殖民地以來，最初一段時間還是以實物交易為主，從一九二〇年代後期逐漸開始使用貨幣（菊池一隆〈臺灣原住民の制限された交易・流通〉，愛知学院大学文学部歴史学科，《飛翔》第十一號，二〇一三年七月等。）

證言五

林茂成、林昭光訪談錄
——傳統文化、日本殖民地、戰爭、國民黨政權

開篇

二〇〇六年八月三日，筆者訪問了和夫及樂信・瓦旦（「ロシン・ワタン」日本名「日野三郎」，中國名「林瑞昌」）的長子林茂成（一九三〇年出生）的宅邸。他是一位身材纖瘦，非常溫和的老人。退休後，在家中田地裡做農活。他是從兒子的立場直接講述將樂信・瓦旦處以死刑的國民黨政權與「白色恐怖」究竟給家人帶來怎樣的影響的重要人物。看到林茂成跟我聯繫之後，林昭光也趕了過來（照片三十六）。

訪談結束之後，他們招待我在一家餐廳吃了午飯。有一盤肉非常滑嫩美味，我就問「這是什麼肉？」林茂成是這樣說的：「這是麂肉。是一種即使長大體型也很小的鹿。

過去在這附近也能抓得到，現在只能去高山或深山裡才能抓到。因為數量急速減少，所以被指定為保護動物。不過『山胞』為了現金收入，還是會多少捕捉一些。其實這樣是不太好的，但政府的態度也是『如果只是一定數量的話』，這不是默認了嗎。」

一、泰雅族的傳統文化

菊　池：關於紋面雖然已經問過和夫先生了，不過因為十分關心，所以能否請您再詳細解釋一下。

林茂成：紋面在臺灣原住民中，只有泰雅族才有的。男人紋在嘴唇下方是成年的時候，紋在額頭是殺了兩個「敵人」的時候，主要是平地人和閩南人的首級，不過獵取其他少數民族平埔族和日本人的首級的時候也可以紋。後來因為兩個敵人太嚴苛，所以只要一個人的首級就可以了。紋面對男人來說是「勇敢」的象徵。如果沒有紋面就結不了婚。女人在嘴唇上方紋面是成年的時候，紋在嘴唇下方

照片36　林茂成（左）和林昭光（右）（筆者拍攝）

是在能夠完全做女人工作的時候。成人是十五歲。

菊　池：泰雅族的狩獵十分有名，除此之外還有其他什麼工作呢？

林茂成：女人的工作有織布、做飯、洗衣、除草等。男人的工作有狩獵和火耕等。把大的樹木的枝葉砍下來放置到乾枯後用火燒。因為家是移動的，所以是用竹子和茅草簡單搭建而成。移動的時候，只搬著柱子走，在新的地方再次進行火耕。[1]

菊　池：火耕田會耕種什麼樣的作物？

林昭光：火耕田的第一年種旱稻，第二年種薯類，第三年種栗子，循環耕種。在第三年結束的時候種樹，留著這些樹，用來保護土壤。

菊　池：種什麼樣的樹呢？

林昭光：赤楊樹（樺木科的落葉喬木植物。生長於山坡的濕地，也可在田埂種植。可高達約二十米。木材可用於薪柴、家具、建築。另外，樹皮和果實可做染料。）之類的。大約十年後再回來的話，就能變成森林。赤楊樹因為用於做板材，現在已經減少了。說起來泰雅族還有頭目組織，移動時期是部落、家族、親族團結一致移動的。現在受漢族的習慣影響不怎麼團結了，即使想團結也團結不起來了。泰雅族中組織也多種多樣，各不相同，十分不好團結。

林茂成：移動時會帶上家裡的房柱走，它被稱為「烏心柱」。柱子是用櫸樹和橡樹做成的。把樹皮削掉，只拿著芯走。現在竹子增多，取代了這些樹。

林昭光：原本泰雅族一天只吃兩頓飯。沒有早餐。火耕田由男人來耕，農作物則由女人來種。

和　夫：而且臺灣原住民中只有泰雅族是一夫一妻制。

二、日本殖民地時代泰雅族的抵抗與融合

菊　池：清朝末期、日本殖民地初期，泰雅族有過激烈的抵抗吧。

林昭光：日治時代日語成為與其他部族交流的共通語言。泰雅族本身是沒有文字的。在日治時代我是自助會長，是和戰後的鄉長相匹敵的職位。當時的頭目在日治時代就任「自助會長」、戰後就任「鄉長」。……另外，反抗的時候，以聲音、篝火、狼煙為傳達信號。比如說，游擊戰等重要行動派遣人員。

菊　池：泰雅族分佈在臺中至臺灣北部，範圍相當大，聲音、火、狼煙以及人員派遣等的聯絡，可以實現嗎？另外，臺灣中部到臺灣北部的泰雅族，是同一種語言嗎？

林昭光：從臺中到角板山，幾乎是無法直接聯絡的。不過，如果聽說某個地方的泰雅族奮

起的話，臨近的泰雅族就會反抗。怎麼說呢？比如臺中的泰雅族開始游擊戰的話，首先周圍的泰雅族會奮起響應，逐漸擴展直到波及至角板山。……泰雅族的語言基本上是一樣的。當然有地域差異，也有方言，不過基本上是通用的。在泰雅族，頭目說出「只要有太陽和水」時，就意味著全部已成定局。也就是說，「太陽」和「水」是「人類的生命」，作為解決紛爭的手段，必須團結一致，為泰雅族的永存而團結一致。組成高砂義勇隊的時候，就是這樣的。高砂義勇隊當然不只是由泰雅族組成的，但是當時泰雅族的頭目也說了「只要有太陽和水」這句話。因此，泰雅族才團結一致成為了志願軍。絕不是被日本強制的，這不是徵兵，而是自願的。中國大陸的人和外省人說是被強迫的，那是錯誤的。……最終原住民成為了志願兵，閩南人作為軍夫被徵用了。不過，日本失去了制海權和制空權，所以必然就戰敗了。

菊　池：還有其他事件吧。

林昭光：日本佔領初期，還發生了「蕃匪」事件。那時「蕃」指的是泰雅族，泰雅族被日本稱為「生蕃」。臺灣「土匪」大約有五百人在新店、桃園敗給日本軍後，求助於角板山的泰雅族。泰雅族重「義」，就將臺灣「土匪」藏了起來。然後「匪」和「蕃」就聯合起來共同抵抗日本軍。當然是以「蕃」的力量為中心進行戰鬥的。隨後，發生了枕頭山事件。這場戰鬥中，泰雅族有六人死亡，日本軍包括運輸糧食的臺灣人在內，共死了四百到五百人。

菊　池：就是說泰雅族比日本軍有優勢嗎？

林昭光：當然，在這場戰鬥中是這樣的。

菊　池：前去戰鬥時，會用酒來舉行什麼儀式嗎？

林昭光：參加戰鬥時用「水」，另外「出草」時也用「水」。頭目是指「掌握水（生命）的人」。參加戰爭、戰鬥的時候，用「水盃」，不用酒。完成了「大事」之後，會喝酒。孩子們會跑著趕來爭搶獵回來的首級。

三、戰爭末期

菊　池：那麼，請允許我問一下二戰時期的事。角板山也被美軍轟炸了嗎？

林茂成：角板山雖然沒有空襲，但是臺灣各地都遭到了轟炸。特別是新竹因為有飛機場，所以受到了B52的猛烈轟炸。日本官舍是黑瓦，臺灣官舍是紅瓦。因此，黑瓦的日本官舍一個不漏地被轟炸了。……當時我並不在臺灣，是佐世保的日本海軍預科練習生（眾所周知，一九三〇年由海軍創立，以培養飛行乘務員為主要目的，中學四年一學期結業者為「甲種」，高等小學校畢業為「乙種」，志願制），接受了海上特攻隊的訓練。高雄有軍港，我準備用單人小船裝載大約兩千克的黑色火藥，向敵方軍艦進行自殺攻擊。但是美軍在沖繩登陸，沒有登陸臺灣，所以這個計劃沒有實施。因此，我也沒有死。就這樣，日本內地和臺灣完全切斷了聯繫，再也不通音訊了。

菊　池：美軍說不定也有通過攻擊中間地段的沖繩，來切斷日本和臺灣的聯繫的目的吧。那麼，林昭光先生當時是怎麼做的？

林昭光：我在和歌山縣明野的秘密基地。是內務省所屬的幹部候補生。以在日本的體驗來說，燃燒彈真的很可怕。因為會將一切都燒為灰燼……。大家都向河裡逃生。為了呼吸將臉露出水面，火和熱風貫穿河面，大家的臉都被燒傷了。另外，飛機掃射，跑是不行的，倒在地上裝死非常重要。只要一動，不論跑到哪裡都會遭到機槍掃射，子彈會連續打過來。

菊　池：知道的真詳細啊。

和　夫：因為林昭光二十五歲就當上了人口有一萬兩千人的「角板鄉」鄉長（國民黨政權時期，就任於復興鄉鄉長，日本殖民地時代是自助會長）。所以現在，在活著的人中，是知道的最詳細的。關於泰雅族，雖然也有很多從他這裡聽到並寫出來的書，不過寫的並不正確，錯誤百出。如果他去世的話，就沒有人能說出實情了。

菊　池：剛才提到的「角板鄉」是什麼呢？

和　夫：就是現在的「復興鄉」。復興鄉是國民黨來了之後的名稱。

林昭光：戰時，這一帶（角板山）是山本大尉統治的。野戰軍為了自己食用而種植了枇杷。後來，這一帶就變成了枇杷的產地。溪口臺的水田是日本人指導建的。

四、國民黨政權時代

林昭光：一九五〇年，蔣介石進入角板山。角板山有蔣介石的行館。

和　夫：這是由昭和天皇在皇太子時期使用過的別墅改成的蔣介石的行館。全部是用檜木建造的，非常氣派的建築，但大約在十年前，被一場大火災燒得毫無痕跡了。檜木含有油所以易燃。

菊　池：林茂成先生，能講述一下你的經歷嗎？

林茂成：我戰後立刻成為國民學校的教師（代課教師）。那時的學生裡，有和夫。

和　夫：對，他是我老師。不過年齡只差八歲。

林茂成：孩童時期八歲是相差很大的，師徒關係很重要哦。……雖然我當了老師，但只會日語和臺灣話。我非常努力地學習北京話，授課時簡單的話用北京話說，比較難的話，用日語和臺灣話來講。我很努力了。儘管如此，還是被許多外省人教師批判成「日語和臺灣話的課」，並經常被刁難。因為是日野三郎（樂信・瓦旦）的孩子，所以相當過分哦。把我調到不通路的地方，讓我無法來上班。沒辦法我只好辭掉學校的工作，轉職做了一般公司（木材方面）的會計。……二二八事件結束之後，臺灣實行了三十八年戒嚴。有這樣的國家嗎？世界上史無前例。我的弟弟（林茂秀）剛從建國中學高中部畢業，就被拘留了兩年，身

照片37
在林茂成住宅前的紀念留影（2015.2.26）

陷囹圄。以「知道卻無可奉告」這種毫無道理的罪名。如果說話稍有不慎，會連累朋友。

菊　池：現在，你弟弟茂秀怎麼樣了？

林茂成：我弟弟從獄中釋放出來之後，去日本留學畢業於愛知醫專。當上了內科醫生，在日本開了診所，但因身體不佳，回到了臺灣。現在已經七十五歲了，因為患腦梗塞臥病在床。

菊　池：非常感謝您告訴我這麼多事情。最後大家一起來合影留念吧。

林茂成：是啊。去外面比較好吧（**照片三十七**）。

本章註

1 在這裡，對泰雅族的住房做個簡單介紹。現在，受日本、中國等房屋的影響，傳統型住房已經消失，僅僅只能從博物館之類的地方得以窺見。傳統型住房到底是怎樣的呢？泰雅族的住房是建在高山的半山腰的平坦之地。建造房屋是最大的活動，親戚以及村子裡的成年男子都會來幫忙。雖然沒有報酬，但完工之後，會設酒宴款待大家。房屋的主要結構由支柱、棟、樑構成。中央部分很高，屋簷斜向兩側和舊式日本的民家很像。只不過屋簷不是稻草或瓦片，而是用隨便加工的石板和竹子、樹皮或者由這些材料組合而成。不使用木釘，只用繩子捆綁連接。牆壁是將木樁立著用竹子編起來的。睡覺或者休息的房間地板也是竹子編成的。地板高四十到六十釐米。過去，泰雅族是「室內葬」，死者埋葬在長老寢室的地板下。家的周圍有菜園、穀物倉庫、雞舍等。泰雅族是臺灣原住民中，唯一實行一夫一妻制的。女兒結婚後會離開老家建造新家。因此，並非是大家族制（參考：①宋光宇主編，《泰雅人——臺灣宜蘭縣武塔村調查》雲南大學出版社，二〇〇四年。②達西烏拉彎．畢馬《臺灣的原住民——泰雅族》，臺原出版社，二〇〇一年等）。

證言六

林茂成單獨訪談錄
——「白色恐怖」下父親（樂信・瓦旦）的逮捕、處刑及其後家庭處境

開篇

在之前的訪談中，還有詢問得不夠充分的地方。因此我再次請求進行訪談。二〇一一年三月二十五日，以林茂成個人情況、二二八事件、「白色恐怖」下的樂信・瓦旦的逮捕、被處死刑，以及其後家人的生活等問題為焦點，進行了提問。（**照片三十八**）。

照片38　林茂成夫妻（筆者拍攝）

一、關於林茂成自身

菊　池：您是何時出生的？有日本殖民地時代的名字嗎？

林茂成：我是昭和五（一九三〇）年二月十日在角板山出生的，泰雅族名叫尤堪・樂信（ユカン・ロシン）。日本名字叫「日野茂紀」。當時，我不叫茂「成」，而是用了「紀」這個字。父親的日本名字「日野三郎」的「日野」，取自母親的姓（**照片三十九**）。

菊　池：請介紹一下您的簡歷。

林茂成：我曾就學於臺北市的東門小學校，之後委託小舅，也就是母親的弟弟，轉校至東京小石川區的林町小學，在那裡念了三年。但後來由於我小舅去了「滿洲國」，就職於滿鐵，我也就插入苗栗縣的太湖小學校五年級，從第三學期開始學習，六年級時在那

照片39　阿里山賓館攝影留念　右側前排的是樂信・瓦旦夫婦。孩子自左邊起是林茂成，林茂秀。樂信的左後方是高一生，右後方是湯守仁。高一生的左側是高澤照，最左邊應該是武義德（林茂成提供）

裡畢業。然後進入新竹中學，但被徵兵入伍到了高雄的海軍預科練習生海上特攻隊。隨著日本戰敗，又重新復讀新竹中學，按舊制四年制畢業。然後，又編入新制的建國中學高等部（舊臺北一中）二年級。當時，建國中學在省議會的隔壁。……那時候，母親的精神狀況已經變得有些奇怪了。……一九四六年日本人離開之後，變成中國式教育。開始用中文授課，聽也聽不懂。即便如此我仍繼續去上課，為了能理解漢字做了很多努力。但是，卻還是聽不懂。

二、關於二二八事件

菊　池：二二八事件時，您還在建國中學讀書吧。

林茂成：那時候時局十分動蕩。雖然這是發生在二二八事件之前的事，國民黨軍的士兵把和夫就讀的國民學校校長的女兒給強姦了。發生了這樣的事，臺灣人對國民黨就產生了強烈的不滿，何時爆發都不奇怪。……在日本時代，如果拿東西去賄賂的話，日本人會罵「少瞧不起人。你是在小看我嗎？」並且會揍你。雖然施暴不是好事，但日本人有潔癖。相反，中國人是不給賄賂就會生氣。把日本人留下的財物都納入自己的腰包。連公用的東西也是一樣。二二八事件的起因是搶老婆婆的菸，不也是這樣嗎？

菊　池：那個事件的緣由是警察依法沒收未經許可販賣的私菸吧。老婆婆因為生活所迫不得不去賣。因此，想要奪回被沒收的香菸的老婆婆遭到毆打，引起了眾怒。

林茂成：稍有不同。那個警官並沒有把沒收的香菸拿走，而是想將它佔為己有。他說「不給我菸的話，就不讓妳賣。」也就是說想將其私吞。……現在，泰雅族貴重的古董，工藝品完全沒存留下來。那是因為蔣介石在角板山有個行館，他把這些古董拿去當行館的裝飾，將它們私吞了。一些接收人員也私吞了一部分。

菊　池：在角板山歷史博物館展出的只是二等品，最珍貴的古董都消失了嗎？

林茂成：是啊。……二二八事件發生後，相當混亂。如果在路上被警察盤問，不用北京話回答就會挨打。我想上大學，但因時局動蕩不得不放棄了。當時，父親（樂信・瓦旦）是省議員，忙碌於和國民黨當局的交涉、談判。而且我不得不照顧母親。畢竟我是長子。……因此，建國中學畢業後，我就在一九四九年四月當上了角板山國民小學的算數老師（代課老師）。除了一位校長和一位教務主任，全校只有六個老師六個班。每個班十五到二十個學生。

菊　池：老師大多是外省人嗎？

林茂成：美術老師是外省人，有四個是本省人，然後是我這個少數民族。

菊　池：聽您說在當教師期間受到種種刁難，具體是怎樣的？

林茂成：我當了四年小學老師，這期間差點被迫離開角板山。一九五四年三月在大溪鎮內柵國民小學，九月在八結國民小學、福安國民小學，一九五五年十月又到了八德鄉茄苳國民小學，一個接一個不停地被迫調動至新學校。這期間警察也多次來家裡檢查。……學校離家又遠，當時還不怎麼通巴士，沒辦法只好搭乘卡車到學校上課。

三、父親樂信・瓦旦的逮捕和林茂成

菊　池：父親日野三郎（樂信・瓦旦）被捕時，是您在當教師的期間吧。

林茂成：是的。一九五二年十一月我在角板山當教師時父親被捕，關進了臺北的省保安司令部軍法處的監獄。隨後，直到被殺害都不許我們去見上一面。那是相當難熬的一年。也許是受了刺激，四十九歲的母親也於同年十二月去世了。

菊　池：日野先生是何時被處刑的？

林茂成：一九五四年四月十七日。那天，父親在保安司令部收到死刑宣判，當日就執行了。結束了五十五歲的生涯。……那天，我為了去學校正準備上卡車的時候，情報員過來跟我說「你今天沒必要去上班了。」接著把我帶到食堂，給我看貼在牆上的布告。布告上列著被槍決的人的名單。上面有父親「林瑞昌」（樂信・瓦旦）的名字。角板山的人包括父親在內，有兩人被殺，另一個是卡奧灣蕃的三光派出所的警官，經父親的介紹，在省政府的監獄工作。應該是因為和父親有關係而被殺害的吧。

菊　池：去收回遺體了嗎？

林茂成：去了。我們到遺體放置處發現那裡擺放著很多遺體根本找不到。最後在深處找到了父親的遺體，他兩手被綁在身後，只穿了一條內褲。看上去是在被綁的狀態下，在手的附近被近距離打了三槍，最後是在腦後開了一槍給殺害的。

說起當時的黑暗政治，真的是難以言喻。比如，①批判國民政府者判十五年以上、②兩人以上聚會者，以「非法集會」之罪名判十五年以上、③「知情不報」這種莫名其妙的罪名也要判兩年呢。完全沒有言論、集會自由。臺灣（一九四七年二月二十八日起）三十八年一直處在戒嚴下。到了李登輝時代才終於解除了戒嚴。世界各國即使有戒嚴令，最長也不過一、二年。臺灣的戒嚴有三十八年，史無前例。

菊　池：父親被處刑之後，您遭遇了怎樣的麻煩？

林茂成：因為我是「日野三郎」的兒子，所以不能當公務員。一九五六年，我辭去教師的工作，去民營的木材採伐企業，勝和木材店從事會計工作。一九五七年當上了復興鄉供銷（購買販賣）會的會計。一九六五年鄉供銷會被復興鄉農會合併改組，我成為會計系長，一共工作了十五年。這期間，警察會來拿槍逼著我「打開金庫」。我在會計方面沒有出過一分錢的差池。這是在故意找碴。因為實在太過分了，一九七四年我辭去了鄉農會，再次轉職進入民營的公司，在另一家木材採伐企業，景進股份公司當會計。這樣，警方的強壓性態度才有所緩解，但仍會經常跑來問我「現在都和誰來往」。……受鄉農會之邀，一九八五年我擔任復興鄉農會理事，一九九三年就任鄉農會理事長。

戒嚴令解除後，隔了好一陣子，直到一九九三年才終於修建了父親的墓碑和祠堂悼念他。並且還立了父親的銅像，舉辦了典禮儀式（**照片四十、四十一、四十二**）。那時，復興鄉的人回想起過去都十分害怕，所以只來了兩三個人。鄉長也沒來。所以我自掏腰包，邀請復興鄉以外的人前來。來了很多人，儀式很隆重。……父親被殺害之後，泰雅族人變得膽小怕事，相互之間不再深交，人際關係十分淡薄。喪失了團結精神。現在也是如此。

40 照片40 樂信・瓦旦之墓（筆者拍攝）

41 42 照片41 林家祠堂內的祭壇。樂信・瓦旦夫婦（筆者拍攝）

照片42 樂信・瓦旦的銅像（筆者拍攝）

菊　池：最後想請教一件事。聽說日本殖民末期，一九四三年的時候，烏來的泰雅族受日本指使襲擊過角板山，是否屬實？

林茂成：烏來的泰雅族和復興鄉的泰雅族是同一系統，如同親屬。復興鄉很大，有一部分人搬到烏來去住。角板山到烏來只有三十公里，過去都是靠步行相互來往的。現在山路沒了，和桃園、臺北之間因巴士和火車的迂迴路線，所以顯得遠了，其實是很近的。所以烏來的泰雅族和角板山的泰雅族從未有過戰爭。日治時代，宜蘭縣南澳的泰雅蕃和三光的泰雅蕃戰鬥過。應該是和這件事搞混了。那是為了山豬狩獵區的爭鬥。

證言七

黃榮泉訪談錄——簡歷、成為基督教徒的起因、傳教活動

開篇

我向和夫、綠夫婦二人提出「想採訪一下泰雅族的傳教士」，他們說「有個合適人選」而得以實現。二〇一四年三月二十二日，我在桃園縣大溪鎮的泰雅族民族餐館泰雅大祐甫食堂採訪了黃榮泉（**照片四十三**）。

黃榮泉因為「身體欠佳」，氣色不太好。考慮到不能進行太長時間的訪談，所以只側重於他的簡歷，成為基督教徒的起因、傳教活動這三點。大致分為日本殖民

照片43　黃榮泉（筆者拍攝）

地時代和國民黨政權時代。關於國民黨政權時代，將重點放在二二八事件、「白色恐怖」和基督教之間的關聯上。（作者菊池在此補註了臺灣原住民的基督教傳播史，請見本章章末。）他給人感覺很穩重，一邊回憶一邊認真禮貌地作答。但是由於時間太短，沒能充分提問，實屬遺憾。儘管如此，日本殖民地時代的狀況、戰後基督教為何迅速成為原住民的信仰，其背景和理由，以及蔣介石夫人宋美齡的作用等，我都興趣頗深，在今後考察臺灣原住民的基督教普及等問題上，得到不少啟發。另外，在場的還有和夫、緣夫婦二人和吳米淑（當時就讀於愛知學院大學大學院，臺南出身）等人。

黃榮泉的簡歷和日本殖民地時代

菊　池：請講一下您的出生的時間和地點。

黃榮泉：我昭和七（一九三〇）年十月十七日出生於角板山。我出生在戰時的警察宿舍，那裡現在成了消防局。我的日本名字叫「原正次郎」。

菊　池：日本殖民地時代這一帶是什麼狀況？

黃榮泉：日治時代原住民大多在蕃童教育所上學，所以原住民的教育水準也可以說是蕃童教育所的水平。如您所知，原住民有各自的部落頭目，互不相干。雙親說白了沒受過教育，所以各部落的孩子把在蕃童教育所學來的東西再教給父母。也就是說，原住民的父母是從孩子那裡學習各種知識的。日本分發的教科書裡有日本的舞蹈和歌謠。孩子們從日本老師那裡學到「日本人不撒謊」，並且告訴父母也得這樣做。問題是日本人完全否定泰雅族的宗教，而改為信奉神社。

菊　池：您也在蕃童教育所上過學嗎？

黃榮泉：日治時代，我們都覺得自己是「日本人」。我的情況是，在日本孩子上的大溪小學校學習了六年。這所學校原住民只有頭目的孩子才能入學。我是頭目家庭出身，所以才能入學。

我從小就很憧憬身穿金色紐扣服裝、佩戴軍刀的警察。……不過起初在聚集了很多頭目的頭目會議上，說將孩子交給警察，「孩子會被抓走」，所以很多人反對，當初都不願意。不過，如果交出孩子，祖父就能借到槍，所以很高興。各部落的子弟若是進了角板山的警察寄宿舍，就可以拿到衣物，還給飯吃。還能借槍，使用子彈。我父親的弟弟就曾交給警察，但他不習慣寄宿生活，十分厭惡所以又回家了。所以也不得不把槍還回去。

菊　池：所以您父親（日本名「原藤太郎」）才代替他成為警察的吧。

黃榮泉：是的。桃園町長、縣長來警察寄宿舍做教育工作，教授禮儀規矩。父親一個月有十六錢的薪水，在警察宿舍待了兩年。所以我是在那裡出生的。之後，父親從昭和十六（一九四一）年開始做了一年的巡警候補，一九四二年晉升為巡警，從事警察事務性工作。後來又到駐在所工作。但因身體惡化而自願退職。一九四四年去世。作為頭目的父親去世之後，他弟弟就繼承了頭目的位置。

昭和十六（一九四一）年太平洋戰爭爆發時，我上中學一年級。那時候我打算考航空上尉養成所，卻因為有病在身，被告知「明年再來考」。我因患瘧疾，脾臟浮腫。戰爭末期，美軍的格魯曼戰鬥機飛來臺灣，轟炸了桃園，特別是車站等地。我在桃園農業學校讀二年級的時候，戰爭結束了。

菊　池：日本戰敗後是國民黨政權吧。是怎樣的情況呢？

黃榮泉：一九四六年我哥當了巡警。二二八事件時，因為桃園農業學校二年級學生反抗國民政府，所以學校被國民黨軍佔領了。我本來是想升入新竹中學的，但因為火車不通，上學不方便，無奈去了鄰近的義民中學。二年級時，因為營養不良患上了肋膜炎。為了療養不得不中途退學。治療花了五年之久。結果，在義民中學也只待了兩年。

菊　池：可以認為基督教是在國民黨政權下才在泰雅族社會普及開來的嗎？

黃榮泉：是這麼回事。那是因為日本戰敗後，神社信仰被全盤否定了。但也恢復不了最早的泰雅族傳統宗教。如此一來，泰雅族的精神就處於極度不穩定的狀態。在這種情況下，基督教傳教士的妻子，就一邊拉著手風琴一邊告誡大家「不可行惡」等等，並向大家傳授基督教的十誡。於是，大家就覺得「啊，這和泰雅族的傳統宗教是一樣的」，漸漸地就十分熱衷於信仰基督教了。

菊　池：這時候，您也信基督教了吧。請講一下其中的經過和之後的活動。

黃榮泉：我二十歲時，病治好了，入了基督教的長老教會。我是在牧師辛忠輝的勸說下入教的。辛牧師原本是個警察，辭職後成了牧師。長老會這個基督教會是美國的傳教士M・傑克遜開辦的。他在陽明山創辦了教會學校，辛牧師在那裡上學。就這樣我也入了教，幫忙做一些長老會的事務。

泰雅族入教者眾多的原因是大家都很窮。戰後物資匱乏。長老會從美國帶來衣物、小麥粉，免費分給大家。正如剛才所說，當時陷入了無法回歸傳統宗教但也不能繼續信仰神社宗教的狀態。人們需要心靈支柱。因此，多數的泰雅族便信基督教了。[1]這也給泰雅族人一個聚集的機會，也能給大家一個相互幫助的機會。

菊　池：二二八事件的時候，泰雅族的基督教徒是如何行動的？是否有影響？

黃榮泉：二二八事件時，基督教完全沒受影響，可以說是處於風平浪靜的狀態。確實有一些品行較為惡劣的警察打壓教會，沒收教會的捐款等等。當時，傳教用的是日語。聖經也是日語的。另外也有用泰雅族語寫的。對此警察附以說辭，沒收了教會的日語聖經。不過，（蔣介石的夫人）宋美齡是基督教徒，並且和外國關係匪淺。她阻止了警察的這些行為。這麼一來，打壓、沒收聖經的警察最終也被左遷了。

菊　池：一九五〇年代的「白色恐怖」時期呢？

黃榮泉：蔣介石發動的「白色恐怖」時期，外省人警察大溪分局局長命令泰雅族的「山裡的警察」「交出槍來」。雖然日野三郎（樂信・瓦旦）等人反對這種行為，但泰雅族連個抵抗外省人的組織都沒有。

菊　池：請說一下現在的情況。

黃榮泉：我現在住在桃園縣大溪郡，是長老教會的傳教士。傳教的時候，使用「國語」、臺灣話、日語。

菊　池：現在傳教時還用日語嗎？

黃榮泉：是的。因為即使是現在，上了一定歲數的老人，還是會說日語的（**照片四十四、四十五、四十六**）。

44

45 46

照片44　黃榮泉訪談結束後前方是綠。後方是黃榮泉、和夫。大家吃著泰雅族料理共同乾杯（吳米淑拍攝）
照片45　烏來區深處的泰雅族人前去的基督教會（筆者拍攝）
照片46　瑪利亞雕像（筆者拍攝）

臺灣原住民的基督教傳播普及小史——作者原註

雖然在筆者《由臺灣北部泰雅族看近現代史——日本殖民時代至國民黨政權時代的「白色恐怖」》中已經寫過了，不過這裡還是想交代一下臺灣原住民的基督教傳播和普及的歷史。臺灣南部被荷蘭人，北部被西班牙人佔領，主要從事原住民之間的傳教活動。由於沒有十分深入滲透，主權更替後，傳教士也隨之離去，所以沒有留下什麼痕跡。一八五六年，馬尼拉的天主教會派遣郭德剛神父到臺灣，但他的傳教活動並沒有獲得特別大的效果。不過他的力量用於貧民救濟，主要致力於對臺灣的遺棄兒童、受虐待幼女等陋習施行救濟，二十年裡，他先後救濟、養育了六千到七千人。其傳教總部在打狗（高雄），傳教士甘願一年一百日圓的低收入，為傳教事業奉獻自己的一生。明治四（一八七一）年，蘇格蘭長老教會派威廉・坎貝爾（甘為霖）到臺南，一八七二年加拿大長老教會派喬治・馬偕（一八四四至一九〇一）到淡水，展開傳教活動。兩教會派遣的傳教士都是有為且性格剛毅的人，所以使原住民敞開了心扉。並且發展到成立大型教會，設立包括設備齊全的女子學校在內的學校。再加上馬偕和原住民一起裸足旅行，出入「生蕃」地區，同吃臺灣米以示誠意。其結果原住民中誕生出男女宣傳員，並出現了將財產奉獻給基督教會的人。雖然基督教徒有過被清朝官吏和原住民雙方迫害，出現生命危險的時期，但最終發展成為臺灣的一大勢力，（一九〇五年左右）新舊兩教信徒共增長了一萬三千零八十九人（竹越與三郎，《臺灣統治志》，博文館，一九〇五年，第四九三至四九四頁）。

另外，馬偕雖然不是醫生，但學習了一些基礎的醫學知識。傳教時，也會進行診察、施藥。因此臺灣北部成為了西醫的提倡者，淡水得到過英國醫生的協助。由於患者增多，一八七九年用加拿大的捐款，在北部創立了最早的新式醫院「偕醫館」（戴寶村，〈燃燒自己奉獻臺灣的傳教士——馬偕〉，《臺灣近代名人志》第一冊，一九八七年，第三十六至三十七頁）。

就這樣，基督教在傳教、貧民救濟、女子教育、醫療等各方面留下了很大的歷史足跡。因此，不僅臺灣漢人（現在的本省人），臺灣原住民和基督教的關係也是不容忽視的。雖然在日本殖民地化過程中禁止原住民信奉基督教，但日本戰敗之後，基督教在蔣介石、國民黨政權時期，在原住民中一舉復活了。

但是在日本殖民地時代，基督教主要是以日本人為對象的，而不是將其從臺灣完全消滅。比如有個名為臺北幸町教會的日本基督教團。一九一六年設立教會，它既是日本基督教徒的信仰，也對臺灣總督府的殖民地統治發揮了作用。作為臺灣佔領初期活動的日本基督教徒，有日本基督教會的中村慶治等人。一八九六年，西門町有個臺北日本聖教會。除上述基督教會外，基督教各派還有日本聖公會、日本聖教會、日本循道宗教會等。一九三七年全體教徒人數達五萬三千餘人。然而，日本南進之後，確立了總力戰體制，加強思想統治。四一年修改治安維持法，強化了對宗教的打壓。同年，日本各教會合併成為「日本基督教團」，並成立臺灣教區，以協助戰爭為目的組織成立了「北部基督長老教會報國團」，支持維護侵略戰爭的體制（又吉盛清《臺湾近い昔の旅〔臺北編〕——植民地時代をガイドする》，凱風社，一九九六年，第六十八至六十九頁）。

本章註

1 如前所述，虔誠的基督教徒林照明在回答筆者提問時，認為戰後原住民幾乎都成為了基督教徒，並強調指出「日本時代信仰天皇，基督教信仰耶穌。……我們泰雅族信仰祖先，『天為太陽，地為水』，也就是認為太陽與水是生命的源泉。所以即便是時而天皇，時而基督，泰雅族是將天皇、基督與『太陽』疊合在一起來祈禱的。即使時代發生變遷，但對祖先、太陽、水的信仰是一以貫之，不曾動搖的」。

參考文獻

日語版

王育德，《台湾——苦悶するその歴史》，弘文堂，一九七〇年。
楊逸舟，《台湾と蔣介石——二・二八民変を中心に》，三一書房，一九七〇年。
戴國煇，《台湾——人間・歴史・心性》，岩波新書，一九八八年。
又吉盛清，《日本植民地下の台湾と沖縄》，沖縄あき書房，一九九〇年。
石橋孝，《旧植民地の落とし子・台湾「高砂義勇隊」は今》，創思社，一九九二年。
伊藤潔，《台湾——四百年の歴史と展望》，中公新書，一九九三年。
土橋和典，《忠烈抜群・台湾高砂義勇兵の奮戦》，星雲社，一九九四年。
門脇朝秀編，《台湾　高砂義勇隊》，あけぼの会，一九九四年。
近藤正己，《総戦力と台湾——日本植民地崩壊の研究》，刀水書房，一九九六年。
林えいだい，《証言　台湾高砂義勇隊》，草風館，一九九八年。
鄧相揚著、下村作次郎等譯，《抗日霧社事件の歴史》，日本機關紙出版，二〇〇〇年。

柳本通彥，《台湾先住民・山の女たちの「聖戦」》，現代書館，二〇〇一年。
若林正丈，《增補版：台湾抗日運動史研究》，研文出版，二〇〇一年。
若林正丈，《台湾の政治——中華民国台湾化の戦後史》，東京大學出版會，二〇〇八年。
台湾史研究部會編，《日本統治下台湾の支配と展開》，中京大學社會科學研究所，二〇〇四年。
松田吉郎，《台湾原住民と日本語教育——日本統治時代台湾原住民教育史研究》，晃洋書房，二〇〇四年。
松田吉郎，《台湾原住民の社会的教化事業》，晃洋書房，二〇一一年。
春山明哲，《近代日本と台湾——霧社事件・植民地統治政策の研究》，藤原書店，二〇〇八年。
川島真・清水麗・松田康博・楊永明，《日台關係史　1945~2008》，東京大學出版會，二〇〇九年。
吳密察監修・遠流台湾館編著・横澤泰夫編譯，《增補改訂版：台灣史小事典》，中國書店，二〇一〇年。
山路勝彥，《台湾タイヤル族の一〇〇年——漂流する伝統、蛇行する近代、脱植民地化への道のり》，風響社，二〇一一年。
菊池一隆，《東アジア歴史教科書問題の構図——日本・中国・台湾・韓国、および在日朝鮮人学校》，法律文化社，二〇一三年。
菊池一隆，《台湾北部タイヤル族から見た近現代史——日本植民地時代から国民党政権時代の「白色テロ」へ》，集広社，二〇一七年。

中文版

陳木杉，《二二八真相探討》，博遠出版有限公司，一九九〇年。
楊碧川，《二二八探索》，克寧出版社，一九九三年。
中央研究院近代史研究所，《二二八事件資料選輯》（一）至（六），一九九二至九七年。
陳芳明編，《二二八事件學術論文集》，前衛出版社，一九八八年。
林書揚，《從二二八到五〇年代白色恐怖》，時報文化出版企業股份有限公司，一九九二年。
藍博洲，《白色恐怖》，揚智文化事業股份有限公司，一九九三年。
洪英聖，《臺灣先住民腳印——十族文化傳奇》，時報文化出版企業股份有限公司，一九九三年。
李永熾監修、薛化元主編，《臺灣歷史年表——終戰篇I（1945-1965）》，一九九三年。
李永熾監修、薛化元主編，《臺灣歷史年表——終戰篇II（1966-1978）》，一九九〇年。
李永熾監修、薛化元主編，《臺灣歷史年表——終戰篇III（1979-1988）》，一九九二年。
藤井志津枝，《理蕃：日本治理臺灣的計策》，文英堂，一九九七年。
劉鳳翰，《日軍在臺灣——一八九五年至一九四五年的軍事措施與主要活動》（上、下），國史館，一九九七年。
臺北市文獻會（臺北市政府委託、臺北民眾史工作室委託），《五〇年代白色恐怖——臺北地區案件調查與研究》，一九九八年。
達西烏拉彎・畢馬（布農族），《臺灣的原住民——泰雅族》，臺原出版社，二〇〇一年。

瓦歷斯・諾幹（余光弘），《臺灣原住民史——泰雅族史篇》，國史館臺灣文獻館，二〇〇二年。
李筱峰、林呈蓉編著，《臺灣史》，華立圖書，二〇〇三年。
宋光宇主編，《泰雅人——臺灣宜蘭縣武塔村調查》，雲南大學出版社，二〇〇四年。
王梅霞，《泰雅族》，三民書局，二〇〇六年。
傅琪貽（藤井志津枝），《日本統治時期臺灣原住民抗日歷史研究——以北臺灣泰雅族抗日運動為例》，團結出版社，二〇一五年。

後記

菊池一隆

筆者一直對臺灣史頗為關注，雖也曾發表過四、五篇相關論文，但沒有專著問世。本書是我首部有關臺灣史的專著，是與《由臺灣北部泰雅族看近現代史——日本殖民地時代至國民黨政權時代「白色恐怖」》（集廣社，二〇一七年）以姊妹篇的形式同時出版的。本書的出版實現了我對和夫夫婦多年的承諾，內心感到十分欣慰。

不僅是臺灣原住民研究，在其他研究上我也一直對口述歷史十分重視。如拙著《中国工業合作運動史の研究》（汲古書院，二〇〇二年）中，有對工業合作社構想的推動者紐西蘭人路易・艾黎（Rewi Alley）及其領導者盧廣綿的個人訪談。當時除了中國農村調查，在歷史學研究領域重視口述歷史，進行實地採訪的研究學者還很少見。在另一部拙著《日本人反戦兵士と日中戦争——重慶国民政府地域の捕虜収容所と關連させ》（御茶の水書房，二〇〇三年）中，對反戰無產階級作家鹿地亘及許多日本反戰士兵進行了個人訪談。其目的是為了弄清史料中未被記載，或記載不夠全面的生動歷史事實，同時也意識到年事已高的歷史見證者面臨即將離世的現實，重要的歷史事實亟待記錄保存。儘管如此，應該承認在個人訪談上存在著記憶錯誤、忘卻和受到現實價值觀束縛等局限。因此，以史料加以考證是不可或缺的。本書在史料方面並非十分充分，偏重於口述記錄，但以往積累的研究經驗和方法起到了很大的作用。

本書第一部分所聚焦的不僅僅是泰雅族的歷史與傳統，還有和夫與綠夫婦的個人生活史，他們的愛情、婚姻生活及異文化摩擦等。和夫講述了泰雅族的歷史與傳統概況，所尊敬的父親的早逝，作為長子含辛茹苦考上自來水公司的公務員、過上安定生活的自豪，年輕時身處閉塞的臺灣和許多青年人一樣對海外充滿嚮往與關注，以及現在的幸福生活。綠則講述了自己在故鄉岡山縣的少女時代，作為日本女性，她帶著來臺灣——而且還是角板山——生活的勇氣毅然離開故鄉，儘管時而也會發生一些矛盾摩擦，但她與和夫相互信任，並和當地人融洽地在一起愉快的生活下來。正如綠所坦率講述的，當時絕不是一個「和平的臺灣」。在越南戰爭中臺灣成為美軍的兵站基地，而且角板山是普通臺灣人無法隨意進出的特別防衛區，作為外國人的日本人是很難進入該地區的。綠所講述的是當時臺灣角板山狀況的真實寫照。同時對於在日本過著平凡日常生活的日本人來說，這就某種意義而言也是頗令人感興趣的，可以引發關於何為夫妻、何為愛、何為父子母女的思考。另外，和夫還騎機車帶我參觀了泰雅族與日本討伐隊戰鬥過的溪谷和泰雅族的「大石」（傳說泰雅族是從石頭縫裡生出來的）。

本書第二部分以蔣介石國民黨政權的「白色恐怖」為中心。我應邀參加了林昭光、林昭明母親的九十五歲壽宴。此行是和我的律師朋友黃德財開車前往角板山。據說林母是角板山最後一個紋面的女性。此行使我對泰雅族的民族傳統產生了濃厚的興趣。他們是過著怎樣的傳統生活到現在的呢？不僅是傳統生活，我還開始以林昭明根據自己受打壓的親身經歷所寫的一九五〇年代「白色恐怖」回憶為基礎，進行採訪。對於二二八事件我已經有了較為深入的了解，但對於「白色恐怖」卻知道甚少，對於其實際狀況可以說是完全不知，只是簡單認為它只不過是二二八事件的延續。角板山泰雅族雖然極力躲避二二八事件風暴，但還是未能逃脫「白色恐怖」的打擊。蔣介石國民黨政權在中國大陸失去地盤，極為恐慌，對於日語蔓延的臺灣疑神疑鬼，統治十分凶暴（據說有很多國民黨員、外省人曾做好一旦中共佔領台灣就逃亡到哥斯大黎加的準備）。林昭明、林昭光、林茂成都是基於自己的親身經歷，講述了臺灣歷史的陰暗面。

本書中除第一部第一章（〈現地調査：台湾桃園県復興郷角板山のタイヤル族——《和夫》さんと日本人妻緑さん〉（刊於《愛知学院大学文学部紀要》第三十八號，二〇〇九年三月）和第二部【證言一】（林昭明〈一九五〇年代台湾白色テロ受難の回憶〉〔解說・翻譯・採訪・譯注〕（刊於東洋文庫《近代中国研究彙報》第二十一號，

一九九九年三月）曾公開發表以外，其他各部分內容都是首次公開發表。

我的一些日本研究同仁和朋友時常問及「你是用何種語言採訪臺灣原住民的？」「是用中文還是用英語？」「有翻譯嗎？」等問題。訪談除了極少部分，絕大部分都是用日語進行的。受訪者都會說一口流利的日本標準語（東京話），就跟與日本人交談沒有什麼太大區別。在某種意義上，他們在表述自己的心情和講述歷史事實時，相較於「國語」或「閩南話」，用日語表達更為準確和生動。林昭明的回憶文章是用中文寫的，但他現在還能說一口極為標準流利的日本話，訪談時基本上都是講日語。對於其他泰雅族人的訪談也是如此。因為從一八九五年臺灣割讓到一九四五年日本戰敗的五十年日本殖民統治時期，臺灣的日語教育被強制和徹底實行，到戰爭末期會說會寫、用日語進行思維的人口大量增加。特別是臺灣原住民，因各族群之間語言各異，日語成為其共通語言。除了日本戰敗不久的一段時期，原住民之間、各族群之間以及家庭親戚之間都主要使用日語進行語言交流。結果許多原住民除單詞外，基本上把原住民自己的語言都忘卻了。即使到現在原住民對外省人、本省人使用國語和閩南話，而原住民之間卻仍舊經常使用日語。因此，特別是一些上了年紀的原住民至今還保留著用日語生活交流的習慣，能夠說一口標準的日本話。對他們來說，與國語和閩南話相比，在感情表達和事實敘述上使用日語更為得心應手。在對日本殖民地時期至今的原住民研究上，作為日本歷史研究學者，我原則上是以日語為交流溝通手段的，這樣既可以聆聽到他們的真實情況，也可以使他們較為容易地吐露自己的真實感情。換言之，可以觸及到臺灣本省人或外省人研究學者用閩南話或國語進行訪談的不同側面，透過語言上的微妙變化能夠聆聽到他們的心聲。日本殖民地時期強行普及日語的功過姑且不論，但對於日本研究學者來說，其訪談極為便利，內容也更為正確。

我從和夫與綠夫婦的講述中得到很多研究啟發。不僅如此，我每年利用春假前去採訪時，他們都十分熱情地接待我，度過一段愉快的時光。我住在他們家裡，有時一直談到深夜，十分難忘。林昭光因當時在角板鄉（現在的復興鄉）社會地位較高，十分詳細而切實地講述了二二八事件和「白色恐怖」的複雜情況。林昭明十分爽快地接受了我的多次採訪。對他來說「白色恐怖」是一段不願去回憶的痛苦經歷，隨著有關「白色恐怖」提問的展開，臉上逐漸浮現出痛苦的表情。從回憶時顫慄的身體也可以感受到他的深深恐懼與悲傷。在此表示由衷的感謝。慘遭殺害的林瑞昌的長子林茂成性格溫厚，在談及父親被處決和其後家庭生活時，對當時國民黨政權的做法無比氣憤，渾身顫抖。林茂成現在也已經離開人世了。曾參加過高砂義勇隊的黃新輝雖然身體欠佳，但還是乘公車前來與我會面接受訪談。他十分期待本書能夠得以出版，但遺憾的是他現在已經辭世了。我參加了他的基督教長老會儀式的葬禮，但未能在他有生之年獻上本書感到十分內疚。另外，基督教傳教士黃榮良雖然身體也不是很好，但還是誠心誠意地接受了訪談。

我在大阪教育大學工作時，一九九九年九月作為日臺交流中心「歷史學者派遣事業」計劃的「長期派遣學者」到中央研究院近代史研究所（黃福慶研究員處）進行了為期六個月的訪臺研究。此次訪臺研究也為本研究訪臺之際前往民族研究所和臺灣史研究所查閱和收集相關史料提供了極大便利，了解到「白色恐怖」及二二八事件相關資料的保存狀況及其研究狀況。在臺灣還得到友人魏榮吉（原名古屋外國語大學教授）、已故黃德財（律師）、鍾錦祥（東南科技大學助理教授）的熱情幫助。張修慎（靜宜大學教授）、張書聰（中華文物學會永久會員）、吳米淑（時為愛知學院大學博士生，現為致理科技大學助理教授）為本書出版提供了寶貴的原住民資料。愛知學院大學大學院研究員南谷真為本書書稿電腦製版給予了極大幫助。愛知學院大學畢業研究生、博士生後呂貴子、大野絢也、和田太君在採訪錄音的整理上給予了大力協助。愛知學院大學在讀研究生、博士生水町誠司、北原加織等在本書書稿整理階段給予了大力協助。學生們也在書稿內容的整理過程中學習到研究方法，提高了自己的研究實力。總之，在本書的完成和出版上得到了包括愛知學院大學學生們在內的多方支持與協助。特此致謝。

譯後記

張新民

本書編譯與原著作者菊池一隆教授既是師生關係，也是無話不談的忘年之交。在翻譯過程中曾兩次在大阪與菊池教授會面，就書中一些翻譯細節問題進行商討。邊吃燒烤，邊談論泰雅族的傳統狩獵生活，各種山珍野味，別有一番情趣，同時也為本書翻譯提供了許多靈感。菊池教授不僅精於研究，還喜好作詩。不僅把自己的原著和詩集分贈給本書譯者，還在書上簽名留念。剛勁中略帶張揚的簽名寄語，為本書翻譯給予了不少鼓勵。在此，向菊池一隆教授對本書翻譯所給予的鼓勵與支持表示衷心感謝。

原著為方便日本讀者的理解，在文中加註了一些有關臺灣用語的日語解釋和說明。為避免重複，本書在翻譯時刪除了原著中部份針對日本讀者的解釋說明。此外，原著中存在部分誤植現象，經原著作者本人確認和同意，本書在翻譯上直接進行了修改，未特別註明。

本書〈緒論〉中的圖一「臺灣原住民分佈圖」、圖二「角板山泰雅族家系圖」及第一部第一章〈泰雅族《和夫》與日本妻子緣——海外通信、戀愛、結婚、山地生活〉中的圖一「復興鄉行政區域圖」、圖二「臺灣桃園縣復興鄉（角板鄉）位置圖」均依原著重製。為方便讀者理解，〈緒論〉圖二「角板山泰雅族家系圖」中相關者的泰雅族名可參考下面的「泰雅族人名翻譯對照表」。

泰雅族人名翻譯對照表

漢語音譯	日文假名標音	日語名	漢語名
嘎佑・烏布納	ガヨ・ウープナ	和夫	陳振和
瓦旦・悉阿茨	ワタン・シアツ		
阿姆依・瓦旦	アムイ・ワタン		
尤拉歐・布亥	ユーラオ・ブーハイ		
可敏・布亥	コーミン・ブーハイ		
樂信・瓦旦	ロシン・ワタン	日野三郎	林瑞昌
卜南・阿姆依	プナ・アムイ	泉民雄	陳祥隆
碧穗・瓦旦	ピスイ・ワタン		

漢語音譯	日文假名標音	日語名	漢語名
瓦旦・達拉	ワタン・タンガ	渡井貫行	林昭明
達拉・瓦旦	タンガ・ワタン		林忠義
瓦旦・燮促	ワタン・セツ		
寶杜・達拉	ボート・タンガ		林昭光
哈勇・吳松	バジュン・ウスン	宇津木一郎	高啓順
樂信・尤拉歐	ロシン・ユーラオ	啓田宏	黃新輝
尤堪・樂信	ユカン・ロシン	日野茂紀	林茂成

由於原著對於泰雅族語的使用體例不一，且幾乎僅使用日語假名標音，故在翻譯時進行了以下處理。

首先是泰雅族名。由於多使用日語假名標音，無法準確掌握原泰雅族名，故以漢語音譯的方式處理。書中所提及人名，如已有固有的漢語音譯採取沿用方式（如ロシン・ワタン沿用翻譯為「樂信・瓦旦」），如尚無則直接進行漢語音譯（如ユーラオ・ブーハイ音譯為「尤拉歐・布亥」）。為方便讀者查閱，「泰雅族人名翻譯對照表」依書中出現順為序。另外，為方便閱讀，本書採取了以章節／證言為單位，在內文第一次出現泰雅族名時，於漢語音譯名後加注原著日語假名標音的方式。

其次泰雅語地名、專有名詞等，則儘量從相關史料文獻中查尋最為常見的漢語標記（如タククカン譯作「大嵙崁」）或者羅馬拼音標記（如ガガ譯作「gaga」），少數無史料文獻可依之處則採用了漢語音譯，註明日語假名標音的方式。

此外，本書內文中（　）處為原著文中註解，〔　〕處為翻譯註解。

本書第二部「對角板山泰雅族的訪談——以「白色恐怖」等為中心」證言一「瓦旦・達拉（林昭明）的回憶」，曾於一九九九年以〈一九五〇年代臺湾白色テロ受難の回憶〉[1]為題，發表在日本學術雜誌《近代中国研究彙報》上。其證言如書中所述，是根據林昭明本人所提供的文字處理機繕打中文版翻譯成日語的。同年，在臺灣出版的《回歸歷史真相：臺灣原住民族百年口述歷史》[2]一書中，也收錄了林昭明相同內容的回憶文章。從發表和出版時間來看，兩篇文章或許出於同一原稿。在本書證言二〈林昭明訪談錄〉中，作者針對該回憶文章中所涉及的一些細節問題又進行了進一步訪談，二者結合在一起來讀，可以更為清楚地還原林昭明的回憶與觀點。

本書譯者邱昱翔、謝川子是編譯者所執教的大阪市立大學大學院文學研究科在讀博士生。同處一校，交流便利，為翻譯工作順利進行提供了保障。本書儘管在翻譯內容上各有分工，但各部分的翻譯校對則不分彼此，共同承擔，從而使翻譯質量得到極大保障。在翻譯過程中先後召集了四次翻譯問題探討會，就翻譯中所出現的問題進行共同討論。有關泰雅族人名、地名、專有名詞等翻譯，邱昱翔做了大量的查閱核實工作，為保證翻譯質量做出了極大貢獻。總之，本書翻譯既體現了大阪市立大學嚴謹的學術風氣，也是學術平等，相互學習，取長補短，共同提高的精神表現。

本書能夠在臺灣得以順利出版，與致理科技大學助理教授吳米淑老師、宋政坤先生、鄭伊庭女士、黃莉珊女士及秀威出版團隊的大力支持是分不開的，在此表示衷心感謝。

二〇二二年二月定稿於日本大阪杉本町

*本書日文原著為《台湾原住民オーラルヒストリー 北部タイヤル族和夫さんと日本人妻緑さん》，二〇一七年九月由日本福岡的集広舍出版。

註

1 瓦旦・達拉著、菊池一隆解說・翻譯・註解〈一九五〇年代臺湾白色テロ受難の回憶〉，東洋文庫，《近代中國研究彙報》第二十一號，一九九九年三月。

2 麗依京・尤瑪採訪記錄，《回歸歷史真相：臺灣原住民族百年口述歷史》，原住民史料研究社，一九九九年。

讀歷史141　PC0851

臺灣原住民口述史
——泰雅族和夫與日本妻子綠

作　　者 / 菊池一隆
編　　譯 / 張新民
中　　譯 / 邱昱翔、謝川子
責任編輯 / 鄭伊庭
圖文排版 / 黃莉珊
封面設計 / 蔡瑋筠

發 行 人 / 宋政坤
法律顧問 / 毛國樑　律師
出版發行 / 秀威資訊科技股份有限公司
114台北市內湖區瑞光路76巷65號1樓
電話：+886-2-2796-3638　傳真：+886-2-2796-1377
http://www.showwe.com.tw
劃撥帳號 / 19563868　戶名：秀威資訊科技股份有限公司
讀者服務信箱：service@showwe.com.tw
展售門市 / 國家書店（松江門市）
104台北市中山區松江路209號1樓
電話：+886-2-2518-0207　傳真：+886-2-2518-0778
網路訂購 / 秀威網路書店：https://store.showwe.tw
國家網路書店：https://www.govbooks.com.tw

2022年3月　BOD一版
定價：360元

讀者回函卡

國家圖書館出版品預行編目

臺灣原住民口述史 : 泰雅族和夫與日本妻子緣 /
菊池一隆著 ; 張新民編譯 ; 邱昱翔, 謝川子中
譯. -- 一版. -- 臺北市 : 秀威資訊科技股份有
限公司, 2022.03
面； 公分. -- (讀歷史141)
BOD版
ISBN 978-626-7088-53-1(平裝)

1.臺灣原住民族 2.泰雅族 3.口述歷史

536.3311 111002152